講談社文庫

生き方がラクになる

60歳からは「小さくする」暮らし

藤野嘉子

講談社

はじめに

私は〝失敗〟料理研究家

料理の仕事に飛び込んで、もう40年以上。20代のころに有名な料理研究家のアシスタントとして仕事を始め、結婚後、出産や育児でしばらくお休みしたこともありましたが、ある雑誌で離乳食の作り方を紹介する連載が始まり、ほかの雑誌へも仕事が広がって、いまに至ります。

家庭でできる簡単で美味しい料理を紹介するため、これまで多くの料理本を作ったり、ＮＨＫのテレビ番組「きょうの料理」にも出演させていただいたり。自分自身の暮らしをもとに、ラクに楽しく作れる料理を提案しています。

これまで私は、何千回、何万回と料理を作ってきました。それなのに、いまでも毎回料理ができあがると、誰よりも早く「わぁ、美味しそう～！」と歓声をあげてしまいます。料理研究家なんだから、美味しく作れるのが当たり前です。もっと澄ましていたほうがカッコいい。だけど、私はいつだって「美味しそう！」と言わずにはいられません。

みなさんもご存じのように、料理って、失敗することもあります。私自身、これまでに数えきれないほどの失敗を繰り返してきました。私は〝料理研究家〟ではなく、〝失敗料理研究家〟だと思うくらい。

失敗するたびに、なぜ？　どうして？　と研究して研究して、今日に至ります。だから、もし誰かが失敗したと落ち込んでいたら、原因をすぐに突き止めて、「こういうふうにすれば、失敗しませんよ」とアドバイスするのは、誰よりも得意かもしれません。

そうやって、これまでずっと等身大で料理を作り続けてきました。そんな私が、この本を出版することになったのは、60歳の還暦を迎えるころに、生活を大きく変える経験をしたことから。
住み慣れた150㎡のマンションを手放し、広さは半分以下、65㎡の2LDKの賃貸マンションに引っ越しました。思い切って暮らしを「小さく」したのです。現在は、夫と私、それから私の母と3人で暮らしています。

転居を決めたのは夫です。提案を聞いたときは、とても戸惑いました。だって、住み慣れたマンションには何の不満もなく、ずっと住み続けるものとばかり思っていましたから。3人の子どもたちを育てた家なので、思い出だってたくさん詰まっています。だけど最終的には、夫の提案に納得し転居を決意しました。

半分以下の広さの新居に引っ越すにあたって、家具も家電も、食器や調理道具、服や本も半分以下に。その過程で、私が感じたことや学んだこと、反省点、失敗談などをまとめたのが、この本です。

60代になると、多くの人が定年を迎え、環境の変化を体験することになります。その変化をどう受け止めればいいのか。これまでの暮らしを続けていていいのか。世のなかの変化のスピードは、どんどん速くなっています。テクノロジーは進化するいっぽうで、シニア世代の経済的なゆとりは失われていっています。なんとなく同じままの生活を続けていると、気づいたときには、変化から取り残されてしまうかもしれません。

人生のゆたかさは、いまを存分に楽しむことで決まると思っています。60代のいまも、そして70代、80代になっても、自分が生きる時代を楽しみたいですよね。そのためには少しずつ時代の変化を受け止める必要があります。

老後は、持ち家で暮らすのが当たり前と思っていた私は、暮らしを「小さくする」ことで、これまで自分を縛っていたものから解放されました。いまはとても軽やかな気持ちで毎日を過ごしています。

変化を受け入れ、自分たちらしい暮らしを手に入れた経験を、たくさんの人たちに伝えたい。〝失敗料理研究家〟である私は、失敗からたくさん学んだ幸せをみなさんにお裾分けするのが、一番の喜びでもありますから。

この本がこれからの人生を考える一助になることを、心から願っています。

目次

2章　ごはんの幸せ　77

3章　家族、自分と向き合う時間　143

1章 ダウンサイジングする暮らし方

シニア世代の「働き方改革」しました

私たちが25年間住み続けた150㎡のマンションを売却し、65㎡の賃貸物件に引っ越したのは、私が59歳、夫が64歳のときでした。会社勤めならそろそろ定年を迎えるころですが、隠居するにはまだ早い年齢の私たちがなぜ住み慣れた家を離れたのか。夫の提案は「年齢に合った暮らし方をしよう」でした。

まず変えたのは、働き方です。

夫、藤野賢治はフランス料理の料理人で、今日までずっとフランス料理を作り続けています。30代で代々木上原に自分の店「カストール」を開店し、50代のときに店を京橋に移転、内装も調度品も一から自分で選んだ、まさに自分自身の理想とするレストランを作り上げました。

ところが2011年に東日本大震災が発生し、多くの飲食店が経験したことですが、その直後から売り上げがダウン。しばらくしてランチはふたたび賑わいを取り戻したもののディナーはなかなか以前ほどの勢いが戻りません。そこで2014年、夫は「店を閉めて仕事のやり方を変える」と決断しました。

長年通い続けてくださるお客様がたくさんいましたし、自分はまだまだ頑張れるという気持ちもあったでしょう。それでも情に流されず決断を下したところは、とても立派だったと思います。私もすぐに賛成しました。

そして、新たに始めたのが「カストール＆ラボラトリー」です。仕事の拠点として南青山のビルの一室を借り、夫や私、そしてパティシエの次女貴子が料理教室を開催したり、雑誌や書籍の料理撮影に使ったりしています。月に何日かは、レストランを営業。夫が一人で切り盛りできるようにと、席数を10席だけに抑え、ていねいに作ったフランス料理を提供しています。

京橋の店を整理することで、これまで私たちが背負っていたものの重さに改めて気づかされました。家賃のほか、毎月かかる光熱費が35万円ほど、10人以上いる従業員への給料の支払いや開店時に銀行から借りた資金の返済は、大変な重荷で、夫も私もとても苦しい思いをしていたのです。

規模が小さくなった「カストール&ラボラトリー」は家族3人で運営していますが、とても身軽で気持ちよく仕事ができます。これが私たちのいまの年齢に合った働き方だと思っています。体力のあるうちにこうして新たなスタートを切ることができて、本当によかった。

50代、60代は、多くの人にとって働き方に大きな変化が訪れる時期です。わが家は自営業ですから、みずから変化を選択した形ですが、企業に勤める人にとっても、定年退職だけでなく出向や転籍、あるいは早期退職や役職定年など働き方が変わる例をよく耳にします。年功序列や終身雇用がどんどん姿を消し、若いころ我慢してよく働けば、会社が一生面倒を見てくれて相応の退職金がもらえる、という時代でもなくなりつつあります。

そんな変化にどう対応すればいいのでしょうか。わが家の「働き方改革」は、ビジネスの規模という点では、ダウンサイジングしました。やはりどうしたって若いころと同じような働き方を続けることには無理があります。それでも私たちは働けるうちは働きたいと思っています。もちろんきっぱり退職して趣味を楽しむ人生に切り替える人もいるでしょう。それも一つの改革です。

そして、わが家の「働き方改革」は、ライフスタイル改革に発展しました。働き方を変え、続いて、ライフスタイルそのものも大きく変化したのです。それが持ち家から賃貸へ、１５０㎡から65㎡の暮らしへと住環境を変え、生活そのものを小さくすることでした。

こうして始まった、私たちの新しい暮らし。この章では、私たちの暮らしの変化をさらに詳しくご紹介します。

持ち家のこだわりを捨てると気がラクになる

新たな仕事のやり方が少しずつ軌道に乗り始めたころ、夫が提案したのは自宅の売却でした。しかも家を買い替えるのではなく、次は賃貸にすると言います。それがいまの私たちに合った暮らし方だと。

自宅を売却するというのはまさに寝耳に水でした。なんとなくずっとそこに住み続けるような気でいたのです。渋谷からほど近く、仕事にも生活にもとても便利な場所にあり、キッチンは料理の撮影がしやすいように設備も整っていました。3人の子どもたちとの思い出も詰まっていますし、そのうち子ども世帯と同居するかもしれないとぼんやり考えてもいました。

当時私たちが住んでいたのは、築30年くらいになるマンション。バブルのころにある企業が建てた物件で、私たちの部屋は、その企業の役員が住むために造られた部屋でしたから、なかなかいい造りで玄関も広々としていました。しかし建物の老朽化が進み、特に水まわりはすぐにでもリフォームしたいくらいの状態でしたし、管理費が毎月7万円と高額なこと、家族3人には広すぎることを薄々感じてはいたのです。それでも売却するという提案をすぐに受け入れることはできませんでした。

夫は、すぐに数字を示して説明してくれました。その家に住み続けると、7万円の管理費にプラスして駐車場代、固定資産税、それから月々のローン支払いで、毎月30万円近くかかる計算になりますが、賃貸にすればもっと安く暮らせるというのです。

意外と見落としがちですが、持ち家はずっとタダで暮らせるわけではありません。長く住めば、当然、修繕費が必要になります。私たちのマンションは広さがあったので、リフォームして子どもたち家族と暮らすことも考えられましたが、それにしてもリフォーム費用が必要です。

家の売却は、自分たちが元気なうちならしっかりと交渉できます。老いてから、あるいは私たちの死後に子どもたちが処分するとなると、そういうわけにはいかないだろう、というのが夫の考えでした。住宅ローンの支払いも残りはわずかでしたから、売却すれば利益が出るはずです。それを〝退職金〟と考えれば、気持ちに余裕ができます。

それまで私は、仕事と子育てでいっぱいいっぱいで、お金のことをしっかりと考えたことがありませんでした。それでも老後は持ち家で暮らすものだという思い込みがありましたから、賃貸物件で本当に暮らしていけるのかとどうしても不安が先立ちます。日本では、家を買うことが人生の一大事で、買ってしまえばひと安心という考え方が一般的です。この年齢でわざわざ手放す意味はあるのかと考えたこともありました。だけど周りを見回してみると、意外と賃貸派は多いのです。

これからの時代、いまの収入がずっと維持されるわけではありません し、年金暮らしになれば、現役のころより収入が減ります。肉体的な衰えもあるでしょう。それがシニア世代の現実です。

だからこそ、暮らし方をもっと柔軟に変えたほうがいい。ライフスタイルを見直したことで、今後また何か変化があれば、それに合わせて生活スタイルを変えればいいのだ、と思えるようになりました。さらに、持ち家へのこだわりがなくなったことで、ほかの「こうでないと」というしがらみも、どんどん手放せるようになってきたのです。

世のなかの変化のスピードは、どんどん速くなっていますし、ライフスタイルもどんどん変化しています。体力も気力もある若い世代は、そうした変化に自然に対応できますが、私たちシニア世代は、これまでの経験や常識にとらわれない柔らかい心を意識的にもつことが必要です。人生設計

引っ越し前の、長く暮らしていたマンション（上）と処分した愛用の家具たち（下）。潔く処分しすぎて、あとで子どもたちに怒られました。

においては、持ち家を手放すことも選択肢の一つ。変化を恐れず、より広い視点で判断して、自分自身に合ったライフスタイルを見つけたいと思っています。

子どもたちに何を残したいか

私たちには、3人の子どもがいます。自宅売却の話になったとき、まず考えたのは、「子どもたちに残してやらなくていいのかな?」ということ。家族3人で暮らすには広すぎるとしても、このまま維持していれば、いずれ子どもたちが資産として引き継ぐことができます。そのことを夫に話すと、「いいじゃないか。思い出をいっぱい残してるんだから」とほがらかなものです。思い出ではお腹いっぱいにならないのに、と思ったりもしたのですが、「きちんと教育もしたし、食えるようにして家から出したんだからもう十分だよ」と言います。

財産をたくさん残すことより、これから先、子どもたちに迷惑をかけないですむような生き方を考えよう。そう思い売却を了承はしたのですが、当時はまだ、心がついていけずにどこか納得しきれていなかったのも事実。夫のほがらかな決断の言葉がなければ、もっと悩んでいたでしょう。

夫が子どもたちに、相談としてではなく決定事項として伝えると「そんな大きな家をもらっても困るからいいよ」と笑っていました。自分たちが育った家がなくなることへの寂しさはあったようですが、これからについては、それぞれ自分たちの人生設計があるのです。親が思うより、子どもはずっとたくましい。

子どもがまだ高校生だったころ、学校の先生からこんなことを言われました。「川を渡るときに、お母さんに手を引いてもらわないと渡れない子どもと、自分の力で渡る子どもと、どちらがいいと思いますか？」自分の力で渡る子どもに育ってほしいという願いは、いつの間にか叶っていました。

長男と長女は、結婚して子どもがいます。広い家なら、いつでも集まることができますし、孫を預かったりもしやすいでしょう。「ちょっと集まりづらくはなるかもね」子どもたちからそんな声も上がりました。目黒区から中央区、東京の西から東への引っ越しで、子どもたちの住まいからかなり遠くもなります。

だけど案ずるより産むが易しで、なんとかなるものです。現在の２ＬＤＫの住まいでも、集まろうと思えばできます。ぎゅうぎゅう詰めになりますが、それもまた楽しい。幸い私たちには、南青山の仕事場がありますので、そこで集まることもできます。どこかほかのレストランで集まってもいいでしょう。

長女は出産後、産後のケアをしてくれる産褥《さんじょく》センターを母子で利用しました。前の広い家なら、長女は実家で里帰り出産したでしょう。友人からは「あなたがお世話をしなくていいの？」と言われましたが、仕事もありますから、長女の家でつきっきりで世話をするわけにもいきませんでした。自宅に戻ってからは、時間のあるときには手伝いに行っています。これはこれで無理なく協力することができ、互いにストレスになりません。できないことを数えても仕方がないのです。長女に申し訳ないという気持ちがなかったとは言いませんが、初めてのお産を、自分の夫と協力し合って乗り切ることができて、夫婦にとってもよかったのではないでしょうか。私の母には、生まれたばかりの赤ちゃんをすぐには見せてあげることはできませんでしたが、首がすわるようになったころ、対面が叶いました。

家族にとって大切なのは、広い空間を維持することではなく、イベントの旗揚げです。親からでも子どもからでも「お食い初めだからみんなで集まろう」「誕生日のお祝いをしよう」と声をかけて積極的に機会を設けるようにしていれば、子どもたちと疎遠になることはありません。

家族で集まる機会はいつだって作れますし、いつでも集まれる広い家がなくなったからこそ、お互いが積極的に機会を設けるようになりました。だから子どもたちとの思い出は、変わらず増え続けています。これこそ、私が子どもたちに残してあげたいものです。

祖母が私に遺してくれたペコちゃんのお人形。なんだか家族のようで愛着があり、大事にしているものの一つです。

150㎡から65㎡へ

新しい住まいは、中央区にある2LDK、65㎡の賃貸マンション。家の中央に共有スペースのリビングダイニングがあって、その両脇に母の部屋と私たち夫婦の部屋があり、互いに程よくプライバシーが保てる間取りになっています。前の家の売却が決まってから急いで探した物件ですが、家族で下見に行って、3人ともすぐに気に入りました。間取りもよく、マンションの敷地がゆったりとしていて、部屋の窓から隅田川が見えるのもいい。だけど広さは、前のマンションの半分以下。自分たちの暮らしがどうなるのかは、想像もつきませんでした。

でも、住んでみると狭さには意外とすぐに慣れます。不安に思う必要なんて全然ありませんでした。広さよりも大切なのは、「どんなふうに暮らすか」です。広さが半分以下になることで、私たちの暮らしは大きく変化しました。そのことで得られたもののほうが断然大きいと感じます。

引っ越しが決まって、一番大きな課題は荷物の整理でした。広さが半分以下になるということは、単純に考えて荷物も半分以下に減らさなくてはなりません。

前の家で使っていた家具はどれも大きすぎて、引っ越し前にほとんどのものを処分しました。キッチンもずいぶんと小さくなりますから持っていけるものはおのずと限られています。フライパンや鍋、お玉や菜箸、ゴムベラなどの調理道具は知らないうちにかなりたまっていましたから、子どもたちや料理教室の生徒さんに声をかけ、譲れるものは譲り、残りは処分しました。食器も母や祖母の代からのものもたくさんあり、かなりの量を手放しました。服も半分以下、3分の1近くまで減らし、本もかなり処分しました。本はすぐに取り出せる状態になっていれば別ですが、どこかにしまい込んでしまうと、わざわざ探してまで読みません。

夫と母も同様に持ち物を整理しました。夫は〝割り切り王〟なので、スイスイと作業していましたが、母は昔の人なので、私以上に捨てることができません。特に洋裁が好きで、着物をリフォームしたり、服地を使ってバッグを作ったりするので、衣類を処分することは苦痛のようで、それに関しては私もあまり強く言いませんでした。

ものを減らすことがブームのようになっていますが、私はもともと整理整頓が得意なほうではないので、「やっぱり捨てなければよかった」という失敗や後悔もたくさんしました。それでもものを減らした効果は実感しています。大人3人の暮らしは、ものが少なくても十分やっていけるのです。そのことに気づいたおかげで、ものへの執着がなくなり、物事全般において気持ちの切り替えが早くなりました。ライフスタイルを思い切って変えて、自分が抱えていた「こうでなくちゃ」も捨てられたのは、人生にとっての大きな収穫です。あんなに服を減らすことに抵抗があった母も、「1年たって使わなかったものは、もっと整理しようと思うの」と言うほどに。母なりにものを減らしても大丈夫なことがわかったのでしょうね。

リビングにはテレビを置く場所を作らず、母も私たちもテレビを自室に置いています。これまでは食事中もテレビをつけていることが多かったのですが、ここにきてからテレビを見る時間がぐんと減りました。見たい番組があるときは、自分たちの部屋のベッドの上に腰掛けて見ます（なんだかビジネスホテルにいるみたいな生活で笑ってしまいますが）。

スペースが狭くなると、互いの物理的な距離も近くなります。そこで会話が増えるかというとそうでもありませんでした（笑）。引っ越し後、夫は釣り、私はランニングを始めてそれぞれの時間を楽しむようになったのは、家が狭くなったおかげです。ものが減り、生活スタイルが変わることで得られたものは、とても大きいと実感しています。

捨てたものと残したもの

転居によって、住居スペースが半分以下になり、持ちものも半分以上処分しました。自宅の売却が決まってから引っ越しまでの期間はなんとわずか1ヵ月。心の準備が整わないまま作業をしたため、案の定たくさん失敗をして反省点もたくさんありますが、それだけに、みなさんの参考になる部分もあると思います。

キッチン道具は、職業柄、普通のご家庭の何倍も持っていました。菜箸やゴムベラ、保存容器などは知らないうちにかなり増えていたので、この機会に最低限の数だけに絞りました。捨てて後悔したものの筆頭は、イタリア商事の「バウルー」のホットサンドメーカー。いますごく人気ですけど、そのずっと前から使っていていい具合に油がなじんでいたのに、引っ越し先がガスではなくＩＨだからと捨ててしまって、あとで娘に怒られました。もちろん娘たちには、「欲しいものがあったら言ってね」と声をかけていたのですが、そのときはまさか捨てるとは思わなかったのでしょう。

ほかにも、使いやすかった小さめのフライパンや中華鍋、すり鉢や味噌漉《こ》しなど、引っ越し後に、あれがあれば便利だったのにという想いをしたこともしょっちゅう。だけどそれもいい経験で、自分にとって本当に必要なものを知る機会になりましたし、ものを買うことに慎重になりました。

そんな私からアドバイスをするとしたら、まずは冷静になってリストを作ること。私のように溢れかえるものを前にして、「これは捨てる」「これは取っておく」と片っ端からやっていると、どんどん感覚が麻痺していきます。百均で買えるようなものを残して、長年使っていた中華鍋を捨てて

ここだけは好きなものを飾ろうと設けたスペース。
父や祖母から譲り受けたものを中心に、家族で気ままに置くようにしています。

しまうのです。時間がないのだったら、判断に迷うものだけでも新居に運べばよかったのかもしれません。

不要なものはすべて処分したのではなく、食器や調理道具、カトラリーなどはガレージセールを開催するなどして、気に入った人に持っていってもらい、書画や骨董なども子どもたちや好きそうな人に声をかけて譲りました。しかし、家具は大きいだけに処分が大変でした。業者に引き取ってもらえるものは引き取ってもらい、造り付けのテーブルは、チェーンソーで解体して捨てました。胸が痛みましたが、そんなことを言っていると作業が進みません。

もちろん、残したものもあります。ずっと長く使ってきたものです。祖母からもらった人形や置物はどれも独特の味わいがあって大好きなので、新しい家にも持ってきました。夫からは、「こんなものを持っていくの？」と言われましたが、私にとっては大切な思い出の品。幼いころから

これも父の遺してくれたもの。釣りが好きで手先も器用だった父は、こうして浮きも手作りでした。

祖母が大好きで、おばあちゃん子だったんです。祖母が使っていた飾り棚も一緒に新しい家に持ってきて玄関を入った正面に置いています。そこには、お気に入りの人形や置物を並べてあるのです。飾りきれないものはしまっておいて、季節に応じて入れ替えています。

母も長く使っている漆の茶箪笥は、持ってきました。ところどころ漆がはげてしまっていますが、引っ越しをして知らない土地で暮らすようになったとき、それがあるだけで気持ちが落ち着いたのかもしれませんね。

すべてを一新、なんでも潔く処分しましょう、ということではありません。長く使ってきたもの、愛着のあるものは、そばにあると心が安らぎます。見えない価値がそこにはあるのです。思い出の品をすべて持ってこられたわけではありませんが、「これだけは」というものだけは取っておくと、慣れない新生活にもきっとスムーズに移行できるのではないでしょうか。

服はシチュエーションを想定する

服も知らないうちにたまっているものの一つです。「2年以上着ていないものは捨てる」など、整理整頓が上手な人たちの意見を耳にする機会がありますが、私は、服にはそこまで強いこだわりがあるわけではありません。そこで、よく着るもの・あまり着ないもの、好きなもの・好きではないものという漠然とした基準でどんどん選別していたら、結局、手元に残っている服は同じようなものばかり。

普段着だけならそれでもいいのですが、あらたまった席に着ていく服を好みではないからと捨ててしまって、結婚式に招待されたときに困りました。服はシチュエーションごとにリストアップして、必要なものを把握しておかないと、いざというときに慌てて買い足すことになります。必ずしも気に入っている服でなくても、その服を必要とするシチュエーションがあるなら、とりあえずの処置としてとっておいたほうが無難です。

ものを処分することで、これまでの買いものの甘さもよくわかりました。2～3回着ただけの服や、意外と使い勝手のよくなかったバッグなどを山ほど処分したことで、ものを見極める力がついたのです。自分の好みも、客観的に理解できるようになりました。今は何かを買おうとしても自分が捨てたものが頭をよぎりますから、とても慎重になっていて、たとえユニクロなどのシンプルで買いやすいものでも考えて買うようになりました。以前なら、1000円、2000円くらいのものは、安いからいいや、とあまり吟味しないで買うことが多かったのです。それで結局、2～3回着て終わり。

今は、くつ下に穴があいたから買いましょう、というくらい必然性のある買い方をしています。どうしてもそれが必要、という状況になるまで待つのです。防寒具を買うにしても、ダウンジャケットにするのか、フリースがいいのか。ダウンジャケットにするなら長袖がいいのかベストでいいのか、としっかり考えるようになりました。

はずかしながら、衝動買いもよくしていたのです。店頭で見つけて気に入ったものをなにも考えずにパッと買ってしまう。仕事が忙しくて外出もままならないときは、テレビの通販番組で夜な夜なショッピングをしていたこともあります。だけど、そうして買ったものは、身につかないことがよくわかりました。

これまで欲しいものをすぐに買うような生活を楽しんできましたが、暮らしを小さくすることで、自分のなかの欲望、もっと、もっと、という部分がそぎ落とされたような気がしています。必要なものだけに囲まれた生活は、とても心地いいものです。

ダイニングテーブルは「ＰＣデスク」

わが家のダイニングテーブルは、無印良品のＰＣデスクです。これは以前、私が仕事用に使っていたもので、夫が食卓として使えるからと引っ越し先に持ち込みました。これまで使っていたダイニングテーブルの半分くらいになったのですが、３人で食事するにはちょうどいい大きさです。

こうして引っ越しを機に生活のあらゆる部分を見直しました。処分するしかないと思っていたＰＣデスクが食卓として活き返り、反対に、車は思い切って処分しました。「車を所有するよりタクシーを利用したほうが安い」とはよく言われることで、駐車場代、保険料、税金などを考えれば、必要に応じてタクシーを利用したほうが、お金がかからない。そうと知っ

ダイニングテーブルとして使っているPCデスク。
家族3人だとこれくらいでちょうどいいのです。リビングでも邪魔になりません。

ていても、なかなか手放すきっかけが見つからないのが現状です。わが家もそうでしたから、引っ越しはいいきっかけになりました。

結局、タクシーもほとんど利用していません。歩くことが意外と楽しいのです。健康にもいいですし、なんといっても安上がり。どうしても車が必要なときは、マンションにあるカーシェアリングを利用しています。

さらに、各自が携帯電話を持っているので、家の固定電話もやめました。当初、電話は代用できてもファックスはどうなるのかと気を揉みましたが、特に支障はありません。母は、固定電話がなくなることに不安を感じたようですが、もう慣れたようです。新聞は、夫と母がそれぞれ取っていたのですが、いまは母だけ。暖房器具も使わないので処分しました。いまの家には床暖房が入っているから暖かいのです。

暮らしを小さくすることで、生活の質が下がったわけではありません。年に一度くらいは海外旅行に行きますし、外食も以前より増えたくらい。

48
暮らしを小さくしたおかげでお金の使い方が上手になりました。

ごはんを食べるときもみんなの顔が近くなったので、体調や気分がよりわかるようになりました。

ふらりカフェやめました

これまで、ちょっと時間が空くとひとりでスターバックスなどのカフェに入ってコーヒーを飲むことがありました。特に理由もなく、ふらっと立ち寄っていたのです。だけど、暮らしを小さくしたおかげで、それがいまの私には必要のないことだと気づくことができました。

家に帰るか仕事場に行けば、美味しいコーヒーはいくらでも飲めますし、そのほうがもっとゆったりできることがわかったのです。

買うものがあってコンビニに行くときは、目当てのものを見つけたらすぐにレジへ。店内をうろうろしていると「ちょっと試しに買ってみよう」と思うものはいくらでも見つかります。食べものや飲みものは消えものですから、何に使ったのか覚えていないうちに散財してしまいます。

仲間とのお付き合いも、気が乗らないときには潔く失礼することもあります。シニア世代は、時間に余裕のある人が多く、お誘いが多いのです。特に60歳の還暦を迎えるころは、自分が企画しなくても、友人や知人たちのイベントがたくさんあります。

古い友人と旧交を温める機会も増えますし、趣味の仲間とのお付き合いも大切にしたい。だけど、それらすべてにお付き合いしていたら、時間もお金もたっぷりかかってしまいますから、どこかで上手に線を引かなくてはいけません。以前ならそういうときにも迷ったかもしれませんが、どこかで線を引いて「やめてみる」ことをしたら、とても気持ちよく大切なところに時間とお金を使えるようになりました。

「ムダ遣いをしてはいけない」と自分を縛ったり、あるいは家族でムダ遣いを監視しあったりしているわけではありません。私たちが自然と行き着

祖母から受け継いだ、スープカップや湯飲み。しまってありましたが自宅での時間が増えた分、楽しんで使えるようになりました。

いたのがこの暮らし方です。

ioneat
PAX NATURON
PAX NATURON

シャンプーと洗剤は2種類を用意

わが家の風呂場には、いつも2種類のシャンプーが並んでいます。夫と私が使うシャンプーと、母が使うシャンプーです。暮らしを小さくして、少しでもものを減らしたいわが家ですから、3人が同じものを使えばいいのかもしれません。だけどあえてそうしないのは、母の暮らし方を尊重したいからです。

私が使っているシャンプーは、私と母が通っているヘアサロンですすめられたものですから、私のものを使ってもいいのでは？　と思わなくもありません。だけど、自分でドラッグストアに行って、選んで買うという行為そのものが楽しいのでしょう。

洗濯用の洗剤も私と母は別々で、同居してからも、母は自分の衣類はすべて自分で洗濯しています。知り合いから「やってあげないの?」と言われることもあるのですが、母はいつも洗濯するものを自分の部屋にためておいて、晴れている日は、早く洗濯しなくちゃと、張り切って部屋から出てきます。干すのも、たたむのも、主婦歴がそれなりにあれば、自分なりのやり方がありますから、やりたいようにやるのがいいのです。

料理に使う調味料も、母は自分が使いなれた昆布醤油と三温糖を常備し、私が作るもののほかに、時々食べたいものを自分で作っています。使い慣れた調味料で好みの味にして、楽しんでいるようです。

長年主婦だった母にとって、洗濯も料理も生活の一部です。母には母のやり方がありますし、日用品は自分の使いやすいものが一番。だからここだけは合理化せずに、それぞれのものを使い、それぞれのやり方でやっています。

金魚はシニア世代におすすめのペット

新しいマンションで私たちを何よりも癒やしてくれるのは、３匹の金魚です。前の家には広いルーフバルコニーがあって水道もついていたので、３つの鉢に、それぞれワキンとランチュウ、メダカを入れて飼っていました。飼育歴はかれこれ10年以上で、せっせと夫が世話をしています。フナに似た細長い体型のワキンは、繁殖して一時期は20匹以上になっていました。

こちらのマンションはバルコニーが狭く水道もありませんから、そのまますべて飼い続けることは難しく、金魚の王様と呼ばれるふっくらした体型のランチュウを持ってきて、残りの金魚は近所の小学校に寄付しまし

わが家のペット、3匹の金魚たち。餌やりは夫の役目です。

た。

ところが引っ越し後、環境の変化に耐えられなかったのか3匹とも死んでしまい、しばらく生きもののなしの生活に。そうするとやっぱり寂しくて、ふたたびランチュウを3匹、買いました。これは本当に大正解で、私も夫も毎日とても癒やされています。あんなに小さな金魚でも飼っているだけで、部屋のなかには生きものの気配がするのです。ぷくぷくという水の音も、心地よく耳に響きます。

3匹は、ショップで同じ水槽で飼われていたからか、とても仲良し。寝るときも3匹くっついて寝ます。その様子がとてもかわいらしくて、なんだか情が湧いてくるのです。

結婚以来、いろんな生きものを飼ってきましたが、シニア世代はペットとの付き合いにも変化が生まれます。家の広さと飼い主の体力がないと大型犬を飼い続けることは難しいですし、新しく飼い始める場合も責任を持って最期を看取れるのかどうか、よく考えなくてはなりません。だけど金魚なら世話も簡単で場所もとりません。シニア世代におすすめです。

夫婦それぞれに好きな趣味を

65㎡の家で暮らすようになって、以前よりも格段に家族同士の物理的な距離が縮まりました。夫と私の仕事は週休2日ですが、まるまる2日間ともじっと家にいるのは、やはり気詰まり。夫は自然と釣りに行く回数が増え、私はランニングがどんどん楽しくなりました。

夫の釣りはルアーフィッシングで、わが家の近くにある隅田川がメインスポットです。満潮や干潮の時間、気候や場所、ルアーなどあらゆる条件をもとに、どうすれば狙った魚を釣り上げることができるかを思考して実践する、頭脳プレーのようなところがあるらしく、夢中になっています。

私は前から、健康のためにも何か運動したほうがいいと思いながら、始めるきっかけが見つからないままでしたが、60歳を目前に、日ごろの怠惰な暮らしを反省して、一念発起。ひとりで走り始めたのが、ちょうど引っ越しすることが決まったころでした。

そして引っ越した先は、交通量が少なく、自然が多くて、とても気持ちよく走れる場所。おかげで、走ることがどんどん楽しくなりました。いつのまにか素敵なランニング仲間もできて、励まし合いながらトレーニングを積んでいます。

私がそんなですから、夫も興味を覚えたのか、たまには一緒に走るようになって、最近、休日は二人で走ることも増えました。

1000円札1枚をポケットに入れて自宅をスタートし、隅田川沿いを走って下町を探索。言問橋《ことといばし》近くの「埼玉屋小梅」でお団子や赤飯のおにぎりを買って、近くの公園で休憩して帰る、というのが私たちのお気に入りのコースです。

走ることは、私の軸を作ってくれているように感じています。走ることに慣れてきたころ足に痛みが出てきて、コーチに「テーピングしたほうがいいですか？」と相談したんです。すると「まずは自分のからだを作りましょう」と言われたのですが、私はこれまで運動歴もなくて、何をおっしゃりたいか、そのときはわかりませんでした。

コーチが言いたかったのは、まずはしっかり走り込んでテーピングをしなくてもいいからだ、筋肉を作ることを考えましょう、ということ。自分のからだを自分で作って、それでもどうしようもなく痛むときだけ、テーピングをすればいい。

これは、真髄だと思いました。人生もまったく同じです。まずは自分の人生を自分で作ること。他人の力を借りたり、ものに頼ったりするよりも大事なのは、自分がしっかりすることです。やりたいことがあれば、チャンスが来るのを待ってないで、自分からやりたいと動いてみるほうがい

近所は緑が多く、川沿いを走るのもとても楽しくてハマっています。

い。走ることで、そういうことにも気づかされました。

そしてついに、フルマラソンを完走したときのことも忘れられません。レース中は苦しくてくじけそうになるけれど、ゴールした瞬間にそれがよろこびに変わるのです。あの達成感が、私に、幸せというものを教えてくれました。自分の自信にもなりますよね。20キロレースでは、まだあのよろこびは感じられませんでしたから、やっぱりフルマラソンはすごいです。

最初は1キロでもハーハー言っていた私なのに、あの経験をしてしまうと、いまも脳に訴えかけてくるんです。楽しかったよね、キラキラキラしてって。そうしたら自然と頑張る気持ちが湧いてきて、また挑戦しようと思えるから不思議です。次は、「みちくさウルトラマラソン」という65キロのレースにも出場してみたいと思っています。距離が長いのでコースの途中に水分や食料を補給する場所があって、その土地の特産品などが置いてあるそうです。なんだか楽しそうでしょう。

暮らしを小さくすることで、外にどんどん出て行くようになって出会ったマラソン。引っ越しは、本当にいいきっかけになりました。

保証人不要のＵＲ賃貸物件

持ち家を手放し、新しい生活を始めた私たちのいまの住まいは、ＵＲの賃貸マンションです。シニア世代が持ち家にこだわるのは、家探しへの不安が大きいからではないでしょうか。貸し渋りの問題を聞くこともありますし、保証人も立てなくてはならない。長年、持ち家で暮らしてきた人にとっては、自分たちに合う物件が見つかるのか、設備などに満足がいくのか、などの心配もあるのでしょう。

私たちが物件を借りたＵＲとは独立行政法人の都市再生機構のことで、私たちは最初からＵＲに絞って物件を探しました。ＵＲの賃貸物件は、シニア世代におすすめです。ＵＲなら貸し渋りの問題は、一切ありません。

不動産会社や大家さんとの交渉は必要なく、最低限の書類を用意するだけでとてもスムーズに事が運びます。

契約時に保証人が必要ではないこともありがたい。住宅の賃貸契約で保証人を立てられない場合、保証会社を利用することもできますが、それにはもちろん費用がかかります。URなら簡単な審査のみで入居が可能です。

さらに経済的なメリットも見逃せません。URが管理している賃貸物件は、礼金や仲介手数料、更新料がかからないので、なるべくムダな支出をしたくない私たちには、ぴったり。入居時に必要な費用は、家賃2ヵ月分の敷金とその月の日割り計算した家賃、共益費のみ。さらに入居後、一般賃貸では1～2年ごとにかかる更新料がUR物件では不要なので、安心して長く住むことができます。別のUR物件に転居する場合は、修理費負担などを引いた残額を新しい住まいの敷金に引き継ぐことができるというの

狭い部分は掃除機よりほうきが便利。夫に足をひょいっと上げてもらってすぐにお掃除完了です。

も物件数の多いＵＲならではのメリットで、私は今後、家を住み替えることがあってもＵＲに住み続けようと思っています。

私たちは前の家の売却が決まり、時間がないなかでの家探しになりましたが、立地や間取り、設備など運よく希望に合う物件が見つかり、全員一致で決定しました。これまで住んでいた目黒区から土地勘のない中央区への転居でしたが、仕事場へのアクセスも問題なし。周囲には民間の分譲マンションも立ち並び、とても活気のある地域で、近くには郵便局や夜11時まで営業しているスーパーなどもあり、暮らすにはとても便利なところです。

建物の安全基準もしっかりしていて、設備にもおおむね満足していますが、あえて不満な点を挙げるとしたら、私たちの物件のキッチンの熱源がガスではなくＩＨという点でしょうか。不慣れも手伝って、炒めものが上手に仕上がらず、ＩＨ魚焼きグリルも仕上がりが今ひとつ。だけど、ＩＨ

わが家の約2畳のキッチンスペース。二人でも満員御礼ですが、棚を使って楽しく料理する工夫が身につきました。

クッキングヒーターは凹凸がなくフラットなので、使用していないときはものを置くことができる点はとても助かっています。

部屋探しは大変だと思っていましたが、それほどハードルは高くないというのが、経験者としての私の実感です。

あともう2回、引っ越すことになる

2回の引っ越しというのは、1回は、母が亡くなったとき、もう1回は、夫が亡くなったときです。年齢順に生を全うするとしたら、私が最後に残ることになります。

家族が3人から2人になれば、2LDKという今の広さは必要ありませんから、もう少し小さなところに引っ越すつもりです。今のところ、URの賃貸物件から探そうと思っています。さらに2人から1人になっても必要な広さは変わりますから、そのときもまた引っ越すことになるでしょう。私一人になったら、あるいは夫婦ともに70代になったら、子どもたちの近くに住むことを考えるかもしれません。家族のことだけではなく、働き方もこの先、また変わっていくはずです。

家はそのときそのときの自分を取り巻く状況に合わせて住み替えるほうがいいことが、この経験を通じてよくわかりました。家賃というのは固定費ですから、いまよりも狭いところへ住み替えれば毎月の支出を確実に減らすことができます。食費や光熱費を節約するよりもはるかに効率のいい節約になりますから、決断は早いほうがいいのです。

若い世代にとって、引っ越しは珍しいことではありません。一人暮らしを始めたから、結婚したから、子どもが生まれたから、とライフステージに合わせて住む家を替えるのは当たり前のこと。

ところが年を取ると途端に、引っ越しが億劫になります。子どもが巣立ったり、老親との同居が始まったり、あるいは退職したりとライフステージの大きな変化があるのに、家はそのままという人が多いのです。特に、広いところから狭いところへの引っ越し、見知らぬ土地への引っ越しは気が進まないものかもしれません。だけど、引っ越してみれば意外と平気なことだと気づきます。私自身も当時89歳だった母も少しずつ慣れ、いまではなんの不便も感じません。

持ち家を手放すという提案を夫から受けたとき、迷った私は親しい友人たちに相談に行きました。誰もが優しく話を聞いてくれますから気持ちは晴れますが、友人たちが正解を教えてくれるわけではありません。最後は自分で心を決めるしかなく、私も自分で腹をくくりました。

この経験を生かして、これからも臨機応変に暮らし方を変えていこうと思っています。そのときそのときの自分に合った暮らし、地に足のついた暮らしをすることで、気持ちはずいぶんとラクになります。将来のことをあれこれと考えるのではなく、目の前で起きている変化を受け止め、その場その場の瞬発力で、変化を乗り切ることが大切です。一度経験してしまえば、怖いものがなくなります。

私は、この経験を通じて、これまで知らないうちに背負っていたものを一気に取りのぞくことができて身軽になれました。あのまま前の家に住んでいたら、「家は広くないと」「やっぱり持ち家よね」「都心に住まないと」と自分の固定観念に縛られたままでいたと思います。

暮らしを小さくすることに、40代だったら、納得できなかったでしょう。もっとやれるのに、と思ったはずです。反対に70歳になってからでは、生活を大きく変えるような気力や体力が残っていないかもしれません。まだやりたいこともあるし、体力もないわけではない60代でこの境地に達したことが、私たちにとっては、何よりの幸運でした。

これからのシニア世代にとって、「小さくする」暮らしはとても大切なテーマになるのではないでしょうか。

2章 ごはんの幸せ

やっぱり美味しいものが好き

生活をダウンサイジングしたことで、お金の使い方にも以前より気を配れるようになり、ムダ遣いもぐんと減りました。だけど、わが家にとって一番難しいのが「食費のダウンサイジング」です。

夫も母も、そしてもちろん私も、美味しいものが大好き。

引っ越した当初は、安いことが売りのスーパーに足を運んで肉や魚を購入してみたこともありましたが、それを使って料理を作ると、明らかに夫も母もテンションが下がります。安価な食材を使ってお好み焼きを作ったときは、二人ともあからさまにがっかりして「なに、これ？」という表情。それでも、と懲りずにまた作ると、途端に不機嫌に。さすがに3度目はありませんでした。

いっぽうで、ちょっと値段は高くなるけれど鮮度のいいデパートの食品売り場で、少し安くなっていたカレイを買って煮魚にしたら、「こんなに美味しい煮魚は食べたことがないわ」と母が大喜び。夫も上機嫌で食べています。やっぱりうちの家族の舌はごまかしがききません。フランス料理の料理人である夫はもちろん、母も修善寺で旅館を営む家の娘でしたから、幼いころから鮮度や味のいいものを食べ慣れているのです。朝も母はトーストした食パンに、バターもジャムもたっぷりぬります。たまにジャムを手作りすると、ますますたっぷり使うので、見ているこちらがハラハラするくらい。

こんなに美味しいものが大好きなのに、食費までムダと切り捨ててしまうと楽しくありません。生活を小さくしたおかげで月々にかかる費用をずいぶんと減らせたことで、その分の恩恵として食事はなるべく良質なもの、美味しいものを食べようということになりました。

また、よく探せば、何も高級でなくとも美味しいものはたくさんあります。たとえば果物。私は信頼できる生産者から直接取り寄せています。スーパーで売られている果物は、収穫してから消費者の手元に届くまでにどうしても時間がかかるので、生産者は完熟とはほど遠い状態で出荷するそう。ところが直接取り寄せる場合、生産者は食べごろを見極めて出荷します。だから味がまったく変わってきます。

私が毎年取り寄せているのは、桃とキウイとりんご。どれも本当に美味しくて、桃なんて芯まで甘い。値段も決して高いとは感じません。

缶詰にもハマっています。これまで缶詰というと、あまりいい印象がなくて、せいぜい使うとしてもコンビーフとツナくらい。積極的に食べようとは思いませんでした。だけど探せば、抜群に美味しいものがあるのです。

ツナ缶は、由比缶詰所の「ホワイトシップ印」がおすすめ。料理に使ってもいいのですが、塩とこしょうを振って食べるだけでも十分おかずになります。目先を変えたければ、マヨネーズで和えてもいいし、大根おろしを添えて、柚子こしょうとポン酢をかけてもいいです。ほかにはのりやちりめんじゃこ、山椒なども、よく好みのところから取り寄せて楽しんでいます。

都内にある都道府県のアンテナショップも好きで、よく立ち寄ります。有楽町には富山、銀座には高知や山形、日本橋には奈良や島根、仕事場に近い南青山には福井の物産館があるのです。買うのは、土地の名産のほか、お米やお茶、それと油揚げなど。３人家族だと、お米は2キロくらいの小さい袋でも意外と持ちます。お米もお茶もその土地なりの味わいがありますし、油揚げは、意外と思われるかもしれませんが、これも土地の個性があるから面白い。

地方には、美味しいものがたくさんあります。それを見つけてきては、家族で品評会。「美味しいね」「ちょっと好みじゃないかな？」と盛り上がるのです。美味しいものを食べることは、私たち家族にとってやっぱり一番のよろこび。食べ物のダウンサイジングは、どうやらまだ実現できなさそうです。

きちんと作るのは週に2〜3回でいい

子どもたちは巣立ち、60代の私たち夫婦と母が暮らすようになって、食事作りは、格段にラクになりました。これは私にとっても新たな発見です。シニア世代は、若いころほどしっかり食べなくても大丈夫。体がエネルギーをあまり使わなくなるのか、若いときほどお腹がすかないのです。

たとえば、昼に友人と食事に行ってたっぷり食べると、夜になってもあまり空腹を感じないことがよくあります。そんなときはわざわざ料理を作らなくても、冷蔵庫にある適当なもので軽くすませればいい。食欲がない日もあれば、体調がすぐれない日もあります。シニア世代にとっては、無理にでも毎日きちんと三食とることが正解というわけではないのです。

だから私が夕ごはんをきちんと作るのは、週に2〜3回。もともと私と夫は夜も料理教室やレストランの仕事、打ち合わせなどがあって、早い時間に帰宅することが少ないのです。私たちが遅い日は、母は家にあるものや自分で買ってきたもので適当にすませますし、夫が出かけて、私と母だけのときも簡単にすませることもあります。

私が家にいない日は、母のために作り置きを用意しておくことも考えたのですが、「自分でできるから大丈夫よ」と返ってきました。母もそのほうが気楽でいいのでしょう。

子どもたちと一緒に暮らしていたころは、そんなふうにはいきませんでした。若い世代の成長を支えるためのごはん作りには、パワーがいります。それだけ家庭に勢いもあったのですが、同時にプレッシャーも感じていました。

だけどいまはお腹がすいてなければ、無理して食べなくてもいい。そう思えるようになって、とても気がラクになりました。ごはん作りをそれほど難しく考える必要がないのは、シニア生活のいいところです。

さらに実感するのは、食事は意外となんとでもなるということ。

老いた親との同居を始めるにあたり、食事作りに不安を感じる人もいるかもしれませんが、スーパーには出来合いのお惣菜があれもこれもと並んでいますし、コンビニや弁当屋、定食屋など、さほどお金をかけなくても利用できるものがたくさんあって、食いっぱぐれることはほとんどありません。

これまではそういう選択肢があることは知っていても、自分が選ぶことには抵抗がありましたが、そこまで肩ひじ張らなくてもいい。自分が作れない日、作りたくない日はこういうものを利用すれば、なんとでもなるじゃない、と思うとここでもまた気がラクになりました。

外食に行くにしても、これまでは自分で作れないようなものを食べに行くことが多かったのです。せっかくだから、一流料理人が作った料理、素材にこだわった料理を食べたい。外食はあくまでハレの日のものでした。ところがいまは、とんカツや餃子、ハンバーグなど、これまでもう何百回も作ったような料理を食べに行くことが増えています。もちろん手の込んだ料理には、手の込んだ料理のよさがあるのですが、疲れているから今日は外食、という日もあっていい。そんなときは、いつもの料理が食べたい。

人が作ってくれた料理を文句なしにありがたく感じるのは、きっと私だけではないはず。外食を利用することで、多忙なときも、一日に上手にピリオドが打てるようになりました。料理を作れないことに罪悪感を持つよりも、そのほうがずっといい。

だけど食事作りは、いったんどうでもいいと思ってしまうと、「まあ、いいか」が重なってどんどんいい加減になります。それだと少しさびしいかもしれません。私は手を抜けるところでは抜いて、そこでできた余裕を週2〜3回の料理作りに活かしています。自分なりにメリハリをつけて、食欲や労力と折り合っていきたいと思っています。

メインはいつも「わかりやすい」料理

母と暮らし始めて気がついたのは、「わかりやすい」料理がよろこばれるということです。

雑誌に載っている料理を見て、母が「これは何料理なの？」と不満げに口にしたことがあります。どの料理も洒落《しやれ》ていて、オリジナリティにあふれているのですが、逆にいうと、日本料理、中国料理、イタリア料理といった枠にはまらないものが多いのです。母からすると初めて見るような料理で味が想像できないし、興味が持てないのでしょう。なるほど、年配の人はそういう観点で料理を見ているのかと、目から鱗でした。

母が好むのは、八宝菜や煮魚、カキフライ、豚肉のしょうが焼きなどの食べ慣れた定番料理です。料理名を聞いただけで味の想像がつくような「わかりやすい」料理。カキを揚げていると、「あら、今日はカキフライなの？」とよろこんで席に着きます。

そこで、週に2～3回作る夕食の献立を、母が好きな「わかりやすい」料理を中心に組むことにしました。煮魚やカキフライ、エビフライ、シチュー、ミネストローネ、豚肉のしょうが焼き、白菜鍋など。牛肉と豆腐を使ったすき焼き風煮物やいり鶏、きんぴらなど醤油と砂糖を使ったわかりやすい味付けのものもよく作ります。

最近のわが家の献立は一汁一菜が基本で「わかりやすい」料理から一品とあとは汁物、味噌汁やスープです。もの足りないときは、冷蔵庫にある漬物やもずく、佃煮、あるいはツナ缶や納豆、豆腐の冷ややっこなどで補えば、シニア世代なら十分満足のいく食事になります。

母と暮らし始めた当初は、いつも同じ料理だと申し訳ないとあれこれ作っていたのですが、母は定番料理が好きなのだとわかって、夕食の準備が本当にラクになりました。

「わかりやすい」料理は、作る私にとっても段取りやゴールがわかりやすいので、ストレスが少なくてすみます。たとえばエビフライなら、エビの下処理をして、衣の準備をして、並行してキャベツのせん切りやタルタルソースの準備をして、と段取りがパッと頭に浮かびます。冷蔵庫にある食材とにらめっこをして、毎回料理を適当に作るよりもはるかにやりがいがあり、前回よりももっと美味しいと言ってもらいたいという気になります。

それに、シニア世代は多少時間がかかっても待ってくれますから慌てなくても大丈夫です。帰宅が遅くなったときも「これからカキフライを作るから、あと1時間くらいかかるけどいい？」と聞くと、母は「テレビを見ているから大丈夫よ」と気長に待ってくれます。母にとっても少し長く待たされたとしても、よっぽど満足度が高い食事なのです。

成長期の子どもがいるときは、そうはいきませんでした。子どもはお腹がすくと途端に騒ぎ出すので、作るほうにとっては時間との戦いです。仕事から帰ると慌てて冷蔵庫にあるもので力技のように一気に作ることがよくありました。いっぽうで、栄養のことも考えなくてはなりませんし、メニューだって変化を持たせたい。時間があると、自分なりのアレンジを加えることに夢中になっていたこともあります。それなりの分量も必要でしたから、買い物にも献立を考えるのにも、いまよりもうんと手間がかかっていました。

そういうていねいな暮らしからは、苦しいなら一度逃げてもいい。そうしたらたまにはていねいにやってみようかなという気持ちが湧いてくるかもしれません。私はその気持ちを、週に2〜3回「わかりやすい」料理をていねいに作ることに向けています。

ちなみに母は、「料理研究家の娘さんと同居なんていいわね。毎日いろんなものが食べられるんでしょう?」と友人からうらやましがられてきっぱりと否定していました(笑)。だけど、食事に不満があるわけではないようです。

圧力鍋とフライパンさえあれば

暮らしをダウンサイジングして調理道具も見直しました。食べる量が少なくなるシニア世代小家族の食事には、圧力鍋と大・小のフライパン、それと味噌汁を作る小さな鍋があれば十分です。

圧力鍋は、時間をかけずに美味しいものが作れるからおすすめです。わが家では、朝に夜にと大活躍。短時間で上手に素材の味を引き出してくれるので、だしを取らなくても旨みのあるいい味に仕上がります。

ご紹介する「お赤飯」「鶏ハム（よだれ鶏）」（98〜99ページ）、「ケチャップシチュー」（105ページ）も、あっという間にできる「わかりやすい」料理。「お赤飯」はテーブルにあるだけで気分が華やかになるありがたい一品です。圧力鍋で簡単に作れますから、特別なお祝いごとがなくても作っています。「手軽に作れる根菜ごま煮」（104ページ）も、わずかな時間でできる、しっかり味のついた煮物です。

使い方のコツは、一般の圧力鍋レシピにある設定時間よりも1～2分くらい少なめにタイマーをセットすること。そうすればやわらかくなりすぎません。使い慣れない人に多い失敗は、時間のかけすぎなのです。「鶏ハム」も時間をかけすぎると鶏肉がパサパサになります。もし煮込みが足りないようであれば、あとから少し時間を足しましょう。

そしてシニア生活で大切なのは、大きさ選びです。大は小を兼ねるからと、つい大きめを選びがちですが、ここでもサイズダウンを意識しましょう。小さくても意外とやっていけますし、何より軽くて扱いやすいのが利点です。私が使っているのは、2・5リットルのもの。これで家族3人の食事を十分まかなえています。

じつをいうと、以前は子どもたちと暮らしていたころの感覚が抜けずに、つい多めに作ってしまうことがありました。だけど、どんなに美味しくできたシチューでも、翌日に出すと、夫も母もあまりよろこびません。子どもたちは、美味しいとどんどんおかわりしますから、多めに作ったはずの料理があっという間になくなることもよくありましたので作り甲斐もあったのです。味噌汁もきっちり人数分を作るのではなく、いつも多め。それでも誰かが食べるので、困りませんでした。

だけどいまは、その日食べきれる量をぴったりに作ることが大切です。味噌汁もちょうど3人分を作るようになり、食後にすぐお鍋を洗えるようになりました。料理が余ることは主婦にとって意外とストレスになります。できる限り、食べ物を粗末にしたくない。だけど容器に入れ直して冷蔵庫に保管しておいてもそのことを忘れてしまうこともあります。人数に合った鍋を使ってきっちり人数分を作るようにすれば、そんなストレスともお別れできるのです。

小さな鍋では、来客のあったときが心配という人もいるかもしれませんが、そのときのことはそのときが来てから考えましょう。わが家に子どもが孫を連れて遊びに来ても、十分なんとかなりました。

フライパンは、深さがあり底が厚くフラットなものがおすすめです。熱伝導率がよく、焼き色もしっかりつきますし、深いと煮物もできます。「フライパンベックオフ」（110ページ）と「麩と野菜の煮物」（111ページ）がそれです。「ベックオフ」は、フランス・アルザス地方の伝統料理で、厚手の鍋で肉や野菜を蒸し焼きにするのですが、フライパンならより手軽に作れます。どちらも簡単で美味しい料理です。

ふたはガラス製のものを選びましょう。ふたを開けずになかの状態がわかって便利です。フライパンで作るチキンソテーは、皮がパリッと焼けるだけで、美味しさがまるで違いますから、できればいいものを選びましょう。

圧力鍋とフライパンを上手に活用すると料理がどんどんラクになります。

お赤飯

鶏ハム（よだれ鶏）

お赤飯

★圧力鍋メニュー

材料(作りやすい分量)
もち米　3合
小豆(またはささげ)　40g
水　550㎖
塩　小さじ½

作り方

1　もち米はさっと洗い、水に30分程つける。

2　小豆は洗って圧力鍋に入れ、水550㎖を加える。ふたをし中火にかける。ピンが上がったら(圧力がかかったら)、弱めの中火にして5分加熱して火を止める。

3　そのまま冷ましてふたをあけ、ゆで汁と小豆を分けておく。

4　ふたたび圧力鍋に、水けを

きったもち米、小豆のゆで汁と小豆、塩を加え、ふたをして強火にかける。ピンが上がったら、弱めの中火にして3分加熱し火を止める。

5　そのまま冷ましてピンが下がったらふたをあけ、大きく混ぜる。

◉お祝いでなくても、なんだか楽しくなるお赤飯。最後にうちわで扇ぐとツヤが出ます。

◉もち米は腹もちがよいばかりでなく、ラップで包んで冷凍しても美味しくいただけます。忙しいとき、冷凍したお赤飯はおかずがいらないので重宝します。もち米だけのおこわも、冷凍枝豆を解凍して加えたり、梅干しやじゃこ、漬物を加えたり、鮭のふりかけをのせたりすると美味しくいただけます。

鶏ハム（よだれ鶏）

★圧力鍋メニュー

材料（4人分）

鶏むね肉　2枚
砂糖　小さじ1
塩　小さじ1
酒　大さじ1
水　600mℓ
しょうがの薄切り　4枚

作り方

1　鶏肉は皮を取り、砂糖、塩、酒をふり30分ほどおいて下味をつける。

2　鶏肉を圧力鍋に入れて、水600mℓ、しょうがの薄切りを加えてふたをする。強火にかけ、ピンが上がったら、弱めの中火にして3分加熱して火を止める。

3　そのまま冷まして、ピンが下がったらふたをあけ、鶏肉を取り出し、薄切りにする。

◎残ったスープは温かいうちにキッチンペーパーで漉して取っておくと、にゅうめんのつゆや雑炊などに使えます。

◎鶏肉は冷めるまでスープにつけておくとパサパサしません。さらに冷蔵庫に入れてしっかり冷ますと、肉が引き締まってきれいに切れます。

◎写真は、この鶏ハムを使って「よだれ鶏」にしたもの。たれ（醤油大さじ2／酢大さじ2／砂糖大さじ1／ごま油大さじ1／オイスターソース小さじ2／ラー油適量／ねぎ〈みじん切り〉大さじ3／しょうが〈みじん切り〉大さじ1）を作り、食べやすい大きさに切った鶏ハムとトマト、きゅうりなどにかけるだけで完成です。

手軽に作れる根菜ごま煮

ケチャップシチュー

手軽に作れる根菜ごま煮

★圧力鍋メニュー

材料（4人分）
にんじん　1本
ごぼう　½本
れんこん　200g
ごま油　大さじ1
砂糖　大さじ1
醤油　大さじ1½
みりん　大さじ1
酒　大さじ2
水　100mℓ
すり白ごま　大さじ3
七味唐辛子　適宜

作り方
1　にんじん、れんこんは皮をむく。ごぼうはたわしでよく洗う。野菜をすべて乱切りにしたあと、れんこんとごぼうは水洗いし、よく水けをきる。
2　圧力鍋にごま油を入れて火にかけ、野菜を入れよく炒める。野菜がツヤツヤになったら、砂糖を加えてからめ、醤油、みりん、酒、水を加え、火を止める。
3　ふたをして強火にかけ、ピン

が上がったら、弱めの中火にして２分加熱し火を止める。

4　そのまま冷まして、ピンが下がったらふたをあけ、まだ水分が残っていたら、強火にして水分を飛ばす。煮汁がなくなったら、すり白ごまを加えてからめ、好みで七味唐辛子をふる。

◎ごまの風味で美味しくいただけます。味がしみているので、冷めても大丈夫です。

◎きのこや大根などほかの野菜を使っても。野菜５００ｇで、調味料はレシピと同量です。仕上げにしっかり煮からめることが上手に作るコツです。

ケチャップシチュー

★圧力鍋メニュー

材料(4人分)
牛もも肉(角切り)　300g
塩　小さじ½
こしょう　適量
にんじん　1本
じゃがいも　2個
玉ねぎ　1個
トマト　1個
バター　大さじ1
水　600mℓ
スープブイヨン　1個
トマトケチャップ　大さじ3

作り方
1　牛肉は塩、こしょうをふり、小麦粉(分量外)を薄くはたいておく。にんじんは皮をむいて5㎝長さに切り四つ割りに、じゃがいも、玉ねぎは皮をむいて4つに切る。トマトはへたを取り4つに切る。
2　圧力鍋を火にかけバターを溶かし、牛肉を入れてソテーする。焼き色がついたら、水とスープブイヨン、野菜を加える。
3　ふたをして強火にかけ、ピン

が上がったら弱めの中火にして15分加熱し、火を止める。
4　そのまま冷まして、ピンが下がったらふたをあけ、味を見て、塩少々（分量外）、こしょう、ケチャップを加え5分ほど煮る。

●母の得意料理で、ほんのりとした甘さが特徴です。
野菜はバターで炒めてから加えるとより美味しくなります。

フライパンベックオフ

麩と野菜の煮物

フライパンベックオフ

材料（4人分）
鶏もも肉　1枚
塩　小さじ½
こしょう　適量
にんじん　1本
キャベツ　¼個
エリンギ　100g
オリーブオイル　大さじ1
にんにく（皮付き）　1片
厚切りベーコン　60g
白ワイン　50㎖
タイム（またはローリエ、パセリの茎、セロリの葉など）　適量
マスタード　適量

作り方
1　鶏肉は余分な脂肪を取りのぞき4つに切る。塩、こしょうをふっておく。ベーコンは棒状に切る。
2　にんじんは皮をむいて1㎝厚さの輪切りにする。キャベツはざく切りに、エリンギは縦半分に切る。
3　フライパンにオリーブオイルを熱し、皮付きのにんにくを入れ

★フライパンメニュー

る。鶏肉を加え、皮目を香ばしく焼く。ベーコンを加え、にんじん、エリンギ、キャベツを加える。タイムと白ワインを加えふたをする。弱めの中火で15分ほど蒸し焼きにする。

4　ふたを取り、水分が残っている場合はさらに煮詰める。好みでマスタードを添えても。

◎ベックオフは厚手の鍋で作るアルザス地方の蒸し焼き料理ですが、口の広いフライパンでも美味しく作ることができます。

◎白ワインを日本酒で代用するとやさしい甘さが出ます。
ハーブはなくてもよいですが、あるとより風味がゆたかになります。
野菜は、ズッキーニ、さつまいも、きのこ、かぼちゃなどでも作れます。

麩と野菜の煮物

★フライパンメニュー

材料(4人分)

麩(仙台麩など)　1本
牛切り落とし肉　150g
玉ねぎ　1個
小松菜　1わ
サラダ油　小さじ1
砂糖　大さじ1
醬油　大さじ1
酒　大さじ1
みりん　大さじ1

作り方

1　麩は2cm幅に切り水につけてもどし、崩さないよう両手でゆっくりと絞る。

2　牛肉は4cm幅に切る。玉ねぎは縦半分に切り1cm幅の半月切りに、小松菜はよく洗い3cm長さに切る。

3　フライパンにサラダ油を熱して牛肉を焼き、半分くらい色が変わったら、砂糖を加えよくからめる。醬油、酒、みりんを加え煮立ったら、麸、玉ねぎ、小松菜を加える。全体をからめ、ふたをして中火で10分煮る。

4　ふたを取り、時々混ぜながら、水分を蒸発させるように強火で煮詰める。

◉行平鍋などで作る場合は、だし汁50㎖を加えるとよいでしょう。

◉すき焼き味の麸の煮物です。疲れたときによろこばれるのは、こういうわかりやすい味付けです。

◉小松菜は下ゆでせずそのまま使えて便利です。少し繊維が固いので、もっと小さく切ってもかまいません。青梗菜に替えると、葉が柔らかいのでお年寄り向きです。春菊やせり、下ゆでしたほうれんそうでも美味しく作れます。

全員が揃う朝ごはん

朝ごはんは、毎日家族揃って食べるのが習慣になっています。といっても特別な料理を作るわけではなく、トーストとコーヒーに、サラダというとてもシンプルな献立。始まりは、だいたいいつも7時半くらい。私と夫が食べているところに、母が遅れて加わります。

夫と母は、トーストにバターとジャムをたっぷり塗るのが定番です。だけどそれだけでは健康にもよくないですし、バターとジャムの消費量がものすごいことになるので、サラダやゆで野菜、圧力鍋で簡単な野菜スープを作り、出すようにしています。朝はやはりトーストだけだと味気ない。甘い、辛い、酸っぱいといった異なる味わいを組み合わせるだけで、簡単でもぐんと満たされた食事になります。

サラダは、レタスやトマトなどの定番野菜のほか、薄切りにして塩をふったきゅうりやにんじんのシリシリ（スライサーか包丁でにんじんをせん切りにしたもの）、スライスした玉ねぎ、ブロッコリー、アボカド、缶詰のコーンなどを組み合わせますが、時間がないときは野菜をただ切っただけで出すことも。野菜に、ハムやゆで卵、缶詰のツナなどたんぱく源になるものを加えると、栄養価がアップしますし、味にも変化がついていいですね。たとえば、きゅうりとコーンとツナといった具合に。

わが家では、薄切りにして軽く塩をしたきゅうりは保存容器に入れて、冷蔵庫に置いてあります。朝のサラダにも使えますし、夕食のときは、メインのおかずにちょっと添えると彩りになるから便利です。

野菜のストックが少ないときは、自家製玉ねぎドレッシングを作ります（121ページ）。トマトやレタスだけのときも、これでたちまちサラダらしくなるのです。

スープは煮込む時間がかかりますが、圧力鍋があれば、コーヒーを淹れている時間に完成します。起きてすぐは胃腸がまだ動いていませんから、とろりと柔らかくなった野菜のスープがあるとうれしい。野菜は季節のものでかまいません。大根、にんじん、白菜、キャベツなどをベーコンやソーセージと一緒に火にかけます。味が足りなければチーズやじゃこ、とろろ昆布などを加えるとより一層、美味しくなります。

一日のうち家族全員が揃うのは、基本は朝ごはんだけ。夫と私は職業柄、帰宅時間がバラバラですから、朝が貴重な時間には違いないのですが、シニア世代の私たちはみな淡々としたものです。天気や政治の話もしたりして、たまに、いけないな、と思いつつ食べながらスマホをチラチラと見て（笑）。ダイニングにはテレビもないので会話が途切れていることもよくあります。だけど、これがシニア世代の現実です。私は、ベタベタしていない家族だからこその居心地のよさを感じています。

ただし、互いに無関心なわけではありません。朝ごはんを一緒に食べることで体調や気分などは十分、伝わってきます。朝起きて、どうも調子が悪そうな母を無理やり病院に連れていって、心筋梗塞の一歩手前だったのが発覚したこともありました。朝の始まりは、穏やかだと安心。定番の食事がその穏やかさを支えています。

キャベツとソーセージの簡単スープ

材料(2〜3人分)
キャベツ　1/4個
ソーセージ　5本
水　カップ2
スープの素(顆粒昆布だし)　小さじ1/2
塩、こしょう　各適量
パセリ、粉チーズ　各適宜

作り方

1　キャベツは芯を取り手でちぎる。ソーセージは1cm長さに切る。

2　圧力鍋にキャベツ、ソーセージ、水、スープの素を入れ、ふたをして強火にかけ、ピンが上がったら、弱火にして2分加熱し火を止める。

3　味を見て塩、こしょうを加え好みでパセリや粉チーズをふる。

自家製玉ねぎドレッシング

材料（４人分）
玉ねぎのすりおろし　¼個分（50ｇ）
塩　小さじ１
こしょう　適量
マスタード　小さじ１
砂糖　小さじ１
酢　大さじ４
サラダ油　大さじ６

作り方
ボウルにサラダ油以外の材料を入れ、よく混ぜる。サラダ油を加えよく混ぜる。

買い置きはなくても大丈夫

シニア世代の食生活は、気の持ちようでずいぶんとラクになります。若いころよりも食べる量が減ったことで、いろんな手間が省けるのです。

買い物も以前と比べてラクになったことのひとつ。これまで家にはつねに食材のストックが大量にあるのが当たり前でした。米や味噌、醤油や砂糖などは毎日使うものですから、切らすと大変です。量が減ってきたものは、メモして買い忘れないように気を使い、まとめ買いもよくしました。

ところがシニア生活になって、食材の消費量がぐっと減りました。米は5キロの袋を買うとけっこう長く持ちますし、醤油や砂糖もそうです。これまでとは減り方が全然違います。だから最近は、あえて食材の買い置きをしていません。買おうと思っていても、うっかり忘れることも増えたのですが、それでも困らないことに気づいたのです。

醤油を切らしてしまったら、醤油を使わない料理を作ればいいし、米がなければ、うどんにすればいい。大人だけの食卓は献立も融通がききます。この前は、塩を切らして、引き出しを探していたら、いただきものの高級な能登の塩が出てきたんです。大した量はないのに意外と持つもので、買うのものびのびになりました。煮魚を作ろうとしてみりんを切らしていることに気づいたときは、ハチミツで代用したらツヤのあるいい仕上がりに。

もちろん1回の買い物の量も減りました。キャベツや白菜、大根などは1個丸ごとではなく2分の1個、4分の1個のものを買っています。じゃがいもや玉ねぎのようによく使う野菜や、里いもやごぼうのように日持ちする野菜はストックしておけば便利だと思いがちですが、今の暮らしでは、ストックすると便利というより、減らないことがプレッシャーです。母は、自分でも料理をしますから、野菜を多めにストックしておきたいようですが、「近くに夜11時までやっているスーパーがあるんだから、足りなければすぐに買いに行けるわよ」と声をかけています。

以前は、食材がいっぱいあると安心でした。冷蔵庫にはいつも何種類もの野菜が入っていましたし、調味料は安いときにまとめ買いをしたりして、つねにストックがありました。

ところがシニア生活になり、食材を腐らせないよう、古くならないよう、早く使わなくちゃ、と焦ることが増えました。食事の量が減ったのに、これまでと同じように買っていたら当然余らせてしまうのに、自分が買いすぎていることに気づいていなかったのです。食材のストックは少なめでいい。これもシニアの食生活を快適に過ごすコツです。

小さなキッチンを広く使う工夫

家をダウンサイジングしたことで、キッチンもかなり小さくなりました。独立型の細長いキッチンで、コンロと調理台、流しが横一線に並び、反対側に食器棚を置いています。広さはだいたい２畳分くらいでしょうか。引っ越し前の準備のときは、新婚家庭をイメージして収納量を考えました。

小さなキッチンで効率よく料理をしようと思ったら、まずはものの量を減らすこと。調理道具は、鍋が大と小２つで、大きなほうは煮物やシチューを作るときに、小さなほうは味噌汁用。フライパンも大と小２つで、小さなフライパンは、１人分の料理を作るときに便利です。電化製品はあまり持たないタイプなので、いまあるのは炊飯器とオーブントースター、電子レンジ、あとはハンドブレンダーとフードプロセッサーです。

あとはお玉が2つ、菜箸も2膳、ゴムベラやフライ返しなどもそれぞれ1つ、2つあれば間に合います。計量スプーンは、大さじが2つ、小さじは1つ。ボウルやざる、バットやトレイなども思い切って整理しました。

キッチンが広かったときは、塩もみしたきゅうりをぎゅっと絞って、料理番組のようにガラス製の小さなボウルに移していましたが、いまはそのまま保存容器に入れて片付けます。いちいち移し替えていたら場所を取るし、洗いものだって増えるのです。ガラス製のボウルは、見た目はいいけれどかさばるのが難点。いまは百均ショップで買ったトレイの3点セットとバットを有効活用しています。重ねやすくて便利ですよ。

調理道具については、まだまだ考え中。もっと減らせるような気がしています。見直しをこれからも進めていこうと思います。

さらに調理の仕方も変わりました。以前は、最初に食材をまとめて切って、それをバットに移して置いていたんです。だけど、いまは煮物用の野菜を切ったらそのまま煮物を作って、味噌汁用の野菜は、味噌汁を作るときに切ります。これまでは切る作業をまとめて最初にやったほうが効率的だと思っていたのですが、意外とそうでもないのです。野菜は一品ごとに切ったほうが省スペースですむし、調理時間も大して変わりません。

鍋の段取りも考えるようになりました。大きい鍋で真っ先にだしを取ってしまうと、小松菜をゆでようとしたときに使えないので、先に野菜をゆでてから、だしを取るようにするなど、キッチンが小さくなってから段取り上手になりました。以前は、何も考えないまま真っ先に味噌汁を作ってしまうこともあったのです。だけどいまは鍋の置き場所がないので、コンロの1つを味噌汁の入った鍋がふさいでしまいます。そんなことを考えながらの料理は、ちょっとした頭の体操です。

合わせ調味料やたれも、小さいキッチンでは作るのがひと手間だということにも気づきました。レシピには、煮物や炒めものに使う合わせ調味料を先に作っておくよう書いてありますが、醤油や砂糖をそのまま直接、鍋に入れてしまったほうがラクで省スペース。洗いものも少なくてすみます。味も大して変わりません。料理研究家としても、それに気づけたのはよかったです。

食器棚の一部には、あえて「何も置かないスペース」を作っています。これは、調理途中のものを置くためなどの、多目的スペースです。キッチンの調理スペースがまな板一枚を置くといっぱいになってしまうので、野菜を切って次に肉を切る、というときに、先に切った野菜を置いておくのに使えます。このスペースがあるだけで作業効率がぐんとアップするので、小さいキッチンに悩む人は、食器を減らしてでも作ることをおすすめします。

キッチンをミニマムにしているからこそ、何も置かないスペースは大助かり。

いま欲しいと思っているのは湯のみです。デイリーで使うものこそ、気に入ったものを使いたいので探しています。あれもこれも減らすのではなく、暮らしのなかのちょっとした贅沢は、これからも続けていくつもりです。

調味料でミニ贅沢

調理道具を見直すなかで、調味料もずいぶん減らしました。砂糖や醤油、みりんなどの基本調味料だけでなく、フランス料理や中国料理などで使う各国の調味料も揃えていたのです。冷蔵庫に眠っていたものをはじめ、全部出してみたら山ほどありました。それらを、家庭で使いそうにないものは仕事場である南青山のキッチンに持っていくか、あるいは処分するなどして整理しました。

いまうちにあるのは、醤油、酒、砂糖、みりんの基本調味料。オイルは、サラダ油、ごま油、オリーブオイル、それとバター。あとはトマトケチャップとマヨネーズ、ポン酢と柚子こしょう、ごま、それから豆板醤など。

いま一番重宝しているのは、北海道の昆布屋さんから取り寄せている顆粒昆布だしです。だしの風味が足りないときは、これを少量加えるだけで旨みが出ます。とろろ昆布やすだち果汁もひと味足りないときには便利な調味料です。調味料はだいたいそれくらいでしょうか。

調味料の種類はずいぶんと減らしましたが、そのいっぽうで、ちょっとした贅沢を楽しむようになっています。これまで基本的な調味料は、特別なこだわりを持たず一般的な市販品を選んでいました。消費量が多かったので、どこでも買えるものが便利ですし、手頃な価格も魅力です。

ところが、最近はそんなに消費量が多くないので、ここで少しの贅沢をと思っています。醬油は一般的なもののほかに、上質な濃口醬油を用意して、湯豆腐に使ったり、煮魚を作るときの最後に加えたりしています。いま気に入って使っているのは、入正醬油《いりしょう》の「澪《みお》つくし」。これを使うとグッと味が深まって美味しい煮物ができます。お酢は、京都の「千鳥酢」に替えました。そういうミニ贅沢を調味料でやっています。

いつでも作れるレシピ

私がよく作る簡単メニューがあります。それが「ちょこっときんぴら」と「いつでも甘酢」です。どちらも使う野菜は1種類だけ。しかも「ちょこっときんぴら」は、炒めて味をつけるだけ、「いつでも甘酢」は、野菜を甘酢につけるだけだから、とても気軽に作れます。色のきれいな野菜を使うと食卓が明るくなるのもいいですね。

母は酢のものがからだにいいからと、よく食べるのですが、もずくやめかぶばかりだと飽きるので、「いつでも甘酢」を作るととても喜びます。

どちらも作り置きできますが、同じものが続くと家族の箸が進まなくなるので、2回くらいで食べきれる量で作るのがよろこんでもらうコツです。それ以外にも、気を張らずにいつでも作れるレシピを知っていると便利なのでご紹介します。

右上から時計まわりに
大根きんぴら、
にんじんのバター炒め、
いんげんおかか、
黄色パプリカのオリーブ炒め

右上から時計まわりに
しょうが、
せん切りキャベツ、
赤パプリカ、
赤玉ねぎ（すべて甘酢づけ）

大根きんぴら

材料(作りやすい分量)

大根　300g

ベーコン　3枚

サラダ油、砂糖、醤油　各大さじ1

水　大さじ3

作り方

1　大根は皮をむき5㎜の棒状に、ベーコンは5㎜幅に切る。

2　鍋にサラダ油、ベーコン、大根を入れよく炒める。大根がツヤツヤになったら、砂糖、醤油、水を加え、煮汁がなくなるまで中火で混ぜながら煮る。

にんじんのバター炒め

材料(作りやすい分量)

にんじん　2本

バター　大さじ1

塩、こしょう　各適量

醤油　小さじ2

作り方

1　にんじんは皮をむいて4㎝長さのせん切りにする。

2　フライパンにバターを熱し、にんじんを炒め、しんなりしたら、塩、こしょう、醤油を加え煮からめる。

いんげんおかか

材料(作りやすい分量)

いんげん　１００ｇ
サラダ油　小さじ1
酒、醤油　各大さじ1
水　大さじ3
削り節　３ｇ

作り方

1　いんげんは手で４㎝の長さに折る。

2　鍋にサラダ油を熱し、いんげんを炒め、酒、醤油、水、削り節を入れて弱火で水けがなくなるまで煮る。

黄色パプリカのオリーブ炒め

材料(作りやすい分量)

黄色パプリカ　1個
オリーブオイル　大さじ1
塩、こしょう　各適量

作り方

1　パプリカは種を取り細切りにする。

2　鍋にオリーブオイルを熱し、パプリカをよく炒める。しんなりしたら、塩、こしょうを加えから める。

甘酢づけ

材料(作りやすい分量)

基本の甘酢

酢　100㎖

砂糖　大さじ3

塩　小さじ1

●甘酢づけは切った野菜を熱湯にくぐらせて、甘酢にからめるだけです。

●このほかにセロリ、かぶ、れんこんなど色の変わりにくい野菜がおすすめ。

★甘酢づけ　しょうが

材料(作りやすい分量)

しょうが　300g

甘酢　酢　100㎖

砂糖　大さじ3

塩　小さじ1

作り方

1　しょうがは皮をたわしでよく洗い、スライサーなどで薄切りにする。

2　熱湯を沸かししょうがを入れ、色が透明になったらすぐにざるに上げて水けをきり、甘酢につける。

★甘酢づけ　せん切りキャベツ

材料(作りやすい分量)

キャベツ　¼個(250g)
塩　小さじ1
砂糖　大さじ1
酢　大さじ2
サラダ油　適宜

作り方

1　キャベツは芯を取りせん切りにし、ビニール袋に入れて、塩を加えてもむ。

2　しんなりしたら、砂糖、酢を加え、味をからめるようにもむ。好みでサラダ油などを加えても。

★甘酢づけ　赤パプリカ

材料(作りやすい分量)

赤パプリカ　1個
甘酢　ごま油　小さじ1
　酢　大さじ2
　砂糖　大さじ1
　塩　小さじ⅓

作り方

1　パプリカは種を取り薄切りにする。

2　熱湯にくぐらせてざるに上げ、ごま油を加えた甘酢につける。

★甘酢づけ　赤玉ねぎ

材料(作りやすい分量)
赤玉ねぎ　2個(500g)
塩　小さじ1
甘酢　酢　100㎖
　　砂糖　大さじ3

作り方

1　赤玉ねぎは皮をむいてへたを取り、繊維を断ち切るように薄切りにし、ビニール袋に入れて、塩を加えてもむ。

2　5分ほどおいてしんなりしたら、酢と砂糖を混ぜた甘酢につける。

3章 家族、自分と向き合う時間

自分の着地した場所が一番

わが家が暮らしを小さくしたのは、私が60歳を目前にしたときでした。50代は、自分自身の老いを感じ始めた時期で、細かい文字が読みづらくなったり、無理がきかなくなったりと、少しずつ私自身に変化が出て「あれ？」と思い始めたころでした。

年齢を重ねれば衰えるのは当たり前とわかっていても、直面するとやはりがっかりするものです。年上の人たちに相談すると「開き直ればいいのよ」とアドバイスをくれるのですが、開き直るってなに？　と逆に戸惑いを感じてしまって、どういうふうに開き直ればいいのか、さっぱりわかりませんでした。

このままでいいのか、と焦りのようなものを感じていたのです。老いをただのマイナスとしか受け止められなかったので、老いていく自分を簡単に認めるわけにはいかなかったのでしょう。

開き直れないから、自分を肯定できず自信が持てません。料理を作っていても自分がすることに確信が持てなくて、「本当にこれで大丈夫かしら」と不安になってしまいます。

そういうときに書店で素敵な料理本を見つけると、それを作った料理研究家のセンスのよさに、かなわないなあ、と落ち込むこともありました。若いころならそこで刺激を受けて、よし、私も！　と奮起していたのです。勝った、負けたではないのですが、まだ上があるなら、そこを目指そうという意気込みが自然と湧いてきました。気力もそれくらい充実していましたし、寝ないで頑張れるくらいの体力もありました。だけど、もうそこまではできません。

でも、あるときにふと、「そんな自分でもいいじゃない」と笑えることができました。がむしゃらに仕事をこなし、さまざまな経験を積んでこられたから、いまここに着地しているのです。

過去のある時期の自分を思い出して比べるのではなく、自分はずっと変化し続けていまここにたどり着いたのだということがわかると、少しずつ、いまの自分を「これでいいんだ」と思えるようになりました。衰えを感じるとしても、それが60代の私の自然な姿です。

味覚についても変化を感じることがありました。だけどそれは、料理に使う塩の量を1グラム以下の単位で厳密に決めるような味覚のことで、甘い、辛い、酸っぱい、美味しいは十分に感じていますし、私の作る料理を家族も生徒さんも美味しいと言ってくれます。

私が提案したいのは、きちんきちんと計量して、わずかな誤差ですら許さないような料理ではなく、家庭でお腹をすかせた家族が大喜びで食べてくれるような料理ですから、いまの私が自然に美味しいと思う料理を表現していけばいいのです。料理教室でも、仕事が忙しくて、普段はちっとも料理ができないとおっしゃる生徒さんが「この一杯のお味噌汁が、私の命なんです」と美味しそうに食べてくれる姿にとても励まされています。

上を見てもキリがないし、下を見てもキリがない。いま自分が着地しているところが私にとっての一番です。50歳でも55歳でも70歳でも同じこと。たとえ衰えたとしても、昔と比べることに意味はありませんし、先のことを心配しても仕方がありません。私も開き直るという意味がようやくわかってきたのかもしれませんね。

これからも私は自分が着地した場所で、笑いながら、コツコツやっていこうと思っています。

母の人生を背負わない

母は、父が亡くなったあとしばらく一人暮らしをしていたのですが、80歳になるころ、私たちの住むマンションに引っ越してきました。そのときは同じマンションのなかに、自分で別の部屋を借りて住んでいたので完全に別世帯で食事も別々。たいていのことは事後報告で、私たちが旅行に行くときも日程を決めてから知らせるくらいでした。母は母で、以前住んでいた横浜へお稽古事に通ったり、こちらの老人会に参加したりと楽しんでいましたし、互いに気兼ねなく暮らしていました。

その後、母が私たちの部屋に移って一緒に住むことに。それでも子どもたちもまだいたし、それほど距離を詰めないでいました。仕事で私がいなくても、冷蔵庫にはいつもなにかが入っていましたから、困ることもなかったと思います。たまに姉を誘って、３人で旅行に行ったりもして気晴らしもできていました。

子どもたちが独立し、今のマンションに越してからが本当の同居です。かなり至近距離で母と向き合うことになって、最初は少し緊張していました。離れて暮らす間に、お互いまったく違う生活スタイルになっていたし、他人ではないけれど、べったりしていたわけではなかったので、正直なところ、この年齢になってもう一度、「娘」という役割をしなくてはならないのかと気が重かったのです。それまでも子どもをみてもらうことはありましたが、つかず離れずの関係でしたので、お互いにどこまで干渉するのか、不安に思っていた私にとって、この同居はハードルが高いものでした。

引っ越した当初、母は毎日、買い物をするところがない、知り合いがいない、電車がわからない、と、嘆いていました。もしかしたら、すごく困っていたのかもしれません。私は仕事や子どもたちのことが忙しくて、母だけに配慮することができず、そんな自分を責めることもありました。そこでこれはいけないと、自分のなかでルールを決めました。

★母を背負いすぎないよう自分の時間を持つ。できないときはしない
★母を年寄り扱いしない
★肉体的にできないときはフォローする
★夫と母がいい関係を築けるようフォローする
★孫との関係を私が仕切らない

こんなふうに決めることで、とても気持ちがすっきりとしてスムーズに動けるようになりました。大切なのは、適度な距離を保って、互いに楽しく過ごせるよう頑張りすぎないことです。いい関係を築くために頑張りすぎて、意固地になってしまうことは避けたいと思いました。

母がずっと愛用している漆の茶簞笥。私もこれを見るたびにさまざまな思い出がよみがえって、懐かしい気持ちに。

世間の「娘」と比べたら、足りないところ、薄情なところもあるかもしれません。でも、生活する３人がなんとなく快適に過ごしていたらそれでよし。

当初は、母の人生を、これからすべて背負わなくてはいけないような気さえして、自分の人生を犠牲にしなくてはならないのかと不安だったのです。

でも、親の心、子知らずでした。母はしっかりと自分の人生を歩いています。

私は、子どものころから母に特段依存する子どもではありませんでした。母は母で自由に楽しんでいます。洋服のリフォームとペン習字、それからカラオケのお稽古に通っては仲間たちとおしゃべりをして、一人のときは映画や歌舞伎を観に行ったりもして、映画は私より詳しいくらい。

このつかず離れずの関係が、私にとっては自分の気持ちに一番、素直なやり方です。「できないときはしない」と自分の気持ちにきちんと線が引けたことで、とても気持ちがラクになっています。

年寄り扱いはせず、困っているときだけ手を貸す

90歳という年齢で、あれだけしっかりしているのは珍しいかもしれません。母は本当に自立心旺盛でなんでも自分でやろうとします。それが好きみたい。以前、「もう90なんだから」という言い方をしたらものすごくイヤそうな顔をしたのですが、本人はもう年齢を超越して、自分がいくつかを意識しなくなっているのでしょう。90歳という年齢の生き方のお手本があるわけでもありませんし、いまも母が自分でやろうと思うことはどんどんやってもらっています。

手を貸すかどうかの判断は、困っているかどうかということ。母は自分の衣類は自分で洗濯していますが、背が低いので洗濯槽から洗濯ものを取

り出すときに少し大変そうなので、そこは私が代わりにやっています。

母の部屋の掃除は、私が掃除機をかけるときに声をかけて部屋に入り、「もう大丈夫よ」と言われたところで終了です。母が不在であっても勝手に部屋に入ったりはしないようにしています。

家族揃っての夕食は、週に2～3回ですが、父が亡くなったあと一人暮らしが長かったので、自分で適当にすませることには慣れています。私が外で食べて帰ったときに、母がまだ食事をすませていないこともあるのですが、こちらから声をかけて何かを作ってあげたりはしないんです。母には母の段取りがありますし、作り置きをしても食べていないこともありましたから、お腹がすいていなくて、軽くすませようと思う日もあるのでしょう。あまりに世話を焼きすぎて親切の押し売りになってしまってはお互いに気詰まりです。母が毎日のように「私のごはんは？」と聞くタイプだったら、私はいまごろこんなに心穏やかではいられなかったかもしれませんね。

食後の片付けは、最初は自分の分は自分でと使った食器を洗っていましたが、大した量ではないし私がやるよ、と言ったところ、「運んでおくわね」と流しのところまで下げてくれて、洗うことは終わりになりました。たまに私が洗った食器をカゴに置いたままにしていると、棚に片付けてくれたりすることもあって、いい具合に分担できています。

子どもたち家族と、南青山の仕事場に集まろうということになったときも、母とは現地集合でした。私は一緒に行けばいいと思っていたのですが、歩くのが遅くて気を使うからと、私たちより先に家を出て、バスで向かうのです。

帰りも、私と娘がおしゃべりをしていると、とっとと一人で帰ってしまいます。娘に「お母さん、ついていってあげないと」とうながされて、追いかけたのですが、「いいのよ。ゆっくりしていなさい」と追い返されました。

以前は、もっといろいろしてあげないと、と気負っていた部分もあったのです。だけど、いつも「大丈夫よ」と返ってきます。私のことをちっともアテにしていないようで、少し寂しいような、白けたような気分になったこともあるのですが、もしかすると、母のほうが先に私に甘えようとしたのに、甘えさせてあげられなかったのかもしれません。情でぐるぐる巻きになっているような母と娘の関係もありますが、私たちはとてもあっさりした関係です。

母に対していろんな想いを抱えたまま同居が始まり、お互い自由にやりましょう、と納得し合えたことは、私にとってとても大きな意味がありました。自分のなかで母への想いをかみ砕いて、これでいいと決めたことで達成感のようなものが得られて、ようやく何かがストンと落ちました。暮らしを変えたことで、お互い、これでいいのだという暗黙の了解ができたのです。おかげでとても心が軽くなりました。

母から見える、未来の自分

母は母で、小さくする暮らしをこれまでにも何度も経験しています。修善寺の旅館の娘として生まれ、恵まれて育ったのですが、結婚後、嫁ぎ先の家業が傾き、日本橋から自由が丘へ、さらに横浜へと移るたびに家はどんどん小さくなりました。私は自由が丘の家で生まれましたが、そこは土地が２００坪くらいあるお屋敷だったのに、横浜では40坪の建売住宅でした。父も、母にとっては姑《しゅうとめ》である祖母ものんびりとした性格でしたから、自分がしっかりしないと、と大変だったでしょう。そういう波乱万丈をくぐり抜けてきた人なので、肝がすわっています。

横浜の家を引き払って私たちのところへ来るときも、積極的に自分の人生を変えようという意思を持っていたのだと思います。こちらへ来て期待通りではなかった部分もあったでしょうけど、どこかの段階で、結局は自分がしっかりするしかないと悟ったのでしょう。恨み言も愚痴も言いませんし、つねに「大丈夫よ」と私に頼るそぶりも見せません。

母が教えてくれたことは、３つあります。同居が始まったころ、してあげられないことが多くて、何度となく「ごめんね」と頭を下げていたんです。母はいつも「いいのよ」「もう十分よ」と返してくれました。現状に満足するということを、背中で教えてくれたのだと思っています。

仕事が忙しくキリキリ舞いだったときには、「やれるときに踏ん張らないと次はないのよ。人生は一度きりよ」と言われました。覚悟を決めて人生に臨むこと、人生に対する潔さのようなものを学びました。

私がどうしても欲しいものがあって、買うかどうかを迷っていたときは、「あなた、こんなに一生懸命働いているんだから、買いなさい。ごほうびよ」と背中を押してくれました。そうやって心強い判断をくれる人なのです。

ときには、老いというものを見せつけられて戸惑うこともあります。はつらつとしていたころの母を覚えているだけに、こちらが重い気分になったりもします。夫の母ならもっと割り切れるでしょう。だけど、いいことも悪いこともすべて母は見せてくれていて、そのすべてをひっくるめたものが人生。私は母のことを大嫌いとか大好きなどといった感情ではないところで、母という一人の人間として受け入れられるようになっています。

そう言いつつも、勝手にして、と思うこともいまだにしょっちゅうあります。かなり自由気ままなおばあさんなのです。「見たいテレビがあるから」と言ってそそくさと自分の部屋に食事を持ちこむこともありますし、行き方がわからないと言うから、バスの乗り継ぎを調べてあげたのに、平然と自分のやり方を通すことも。姉に母とのことを相談したときも、「あの人は大丈夫だから、気にしないのが一番よ」とあっさりしたものでした。

いつごろからか、母にとってはもう年齢が関係なくなっています。私はまだ5年後、10年後のことを考えますが、母はここ1年くらいの間に、あと何年生きられるかしら、東京オリンピックは見られるかしら、というようなことを一切口にしなくなりました。これから先のムダな心配はしないで、いまを一生懸命生きることにシフトチェンジしたのでしょうね。

これから、母がどんな老い方をするかはわかりません。急に弱気になったりすることもあるかもしれませんし、寝込む可能性だってあります。だけど、私自身も先の心配はほとんどしていません。何かが起きるかもしれないけれど、それが起きてから考えても十分間に合います。

今後、母に何かあっても、私はそれほど慌てないでしょう。そばで母を見るようになって、母は母なりの人生を謳歌していることがよくわかりました。もし倒れたとしたら、そのときまでが人生の楽しい時間だったということ。なんとしてでも長生きしてもらいたい、というよりも、母らしくいまを精一杯楽しんでくれればいいと思っています。

夫と母、どちらを優先すればいい？

夫と母は、同居前からわりと仲良しでした。レストラン「カストール」のスタッフたちとフランス旅行に行くときは、夫が「お母さんもどうですか」と連れて行ってくれたこともありますし、私がいないと二人の関係が成り立たないということはありません。実の親よりも気楽に付き合えるという面もあるようです。

横浜の家を引き払って、東京に来ることを提案したのも夫でした。母が80歳を越えたころで、元気なうちに一緒に住み始めたほうが、お互いにとってやりやすいと考えたようです。私には姉がいますが、私は母に子どもの世話を頼むこともありましたから、なんとなく母の老後の世話は私がすることになっていました。夫もそれに異論はありませんでした。

だけど同居となると、やはりこれまでとは違います。夫と母は辰年同士で、気が合うときは合うのですが、二人とも引かない性格で、夫が「こうですよ」と言っても母はすんなり「そうね」というタイプではありません。そういうとき、私はどちらにつけばいいのか、最初はすごく困ったんです。娘が一緒に住んでいたころは、そこに娘も加わって「お母さんが、しっかりしなくてどうするの?」と言われてしまって、本当に右往左往していました。

そんなときに、暮らしを小さくする話になり、私はもう陣頭指揮をとる夫についていくだけで精一杯で、母の意向なんて何も聞いてあげられませんでした。思えばあのとき母は、たくさん我慢してくれたと思います。

家を小さくしたことで、夫と母の関係は最初、やや緊張が高まりました。しっかりしているとはいうもののやはり90歳ですから、お手洗いのドアを閉めないで用を足してしまうこともあれば、上手に使えないこともあります。お風呂からバスタオル一枚で出てきて自分の部屋で着替えるのはいつものこと。家が広いとさほど気にせずにすみましたが、いまは視界にすぐ入ってきます。夫はあからさまに不機嫌になるのですが、母も悪気があるわけではなく、注意してもあらたまりません。しつこく言うのもイヤです。

だけど二人の関係がうまくいくようフォローできるのは私しかいません。そこで母がお手洗いを使ったときは、その後を掃除の時間にして、床も便器もピカピカにするようにしました。母の使用中に夫が向かおうとしたときは、「いま使ってるよ」と声をかけて。すると夫もだんだんわかるようになってきて、私が声をかけなくても「いまお母さん、使ってる？」と用心するようになりました。

私には、二人の間に入っていくより、さりげなくフォローするやり方が合っているようです。夫と母は、いまも盛り上がったり、張り合ったりしながらなんとかやっています。

母と家族の境界線

子どもたちが幼かったころ、仕事が忙しいときは母に通いで来てもらって、子どもたちの世話を頼むこともありました。だから、3人ともおばあちゃんが大好きです。

母と暮らすようになって心がけたのは、孫との関係を私が仕切らないということ。子どもたちと一緒に暮らしていたころは、夫と私、子どもたちが家族という一つの単位で、私と母が親子ですから、母と連絡をとるのはいつも私の役目でした。それがいまは子どもたち3人とも独立して暮らしていますから、私と子どもたちの関係も以前とは違っています。私も3人それぞれと連絡したり、会ったりしていますし、子どもたちと母も直接連絡をとり合っています。そのほうが私にとっても母にとっても、そして子どもたちにとっても気楽。

私たち藤野家の大切な家族行事には、母もいつも参加しています。結婚式はもちろん、ひ孫のお食い初めもとてもよろこんでいました。

だけど、息子家族、娘家族とハワイ旅行が持ちあがったとき、夫から「今回、お母さんは遠慮してほしい」と言われました。息子や娘は母とは長い付き合いですからいいのですが、それぞれの配偶者は、やはり気を使うでしょう。せっかくリラックスしに行くのに、それでは気の毒だと思ってのことです。

ハワイに行くことを母に告げると、「あら、そう」とあっさりしていました。その前にも、夫と私が母を置いて海外旅行に行ったことがあったからかもしれません。食事の作り置きなどもしないまま旅立ちましたが、母はひとりで無事、乗り切ってくれました。

旅立つ前は胸が痛みましたが、なんでも全員一緒、というのは無理があります。線引きするところはしたほうが、長い目で見れば互いにストレスがたまらないのではないでしょうか。

熟年家族は、わかり合う必要がない

私たちは、ずいぶんさっぱりとした家族です。なんでも語り合って、互いを思いやって、いつでも協力し合って、というういわゆる理想の家族像とはちょっと違っています。

毎日一緒に朝ごはんを食べていますが、熟年家族は、毎日語り合うほどの話題はありません。その日の予定も話したり、話さなかったりです。家族だからといって、なんでも把握したり、わかり合う必要はないと思っています。

母をどこかに連れていってあげたり、お友だちと会うときに送り迎えをしてあげたりということもこれまでずっとしていないですし、夫婦で海外旅行に行くときは、お留守番です。ずいぶんと薄情な関係と思われるかもしれませんが、母はいつも言うのです。「若い人を頼らないで、自分でやるから楽しいのよ」と。

夫婦の間では、船頭は夫です。暮らしを小さくすることについても夫が先頭に立って実行しました。私はいつも夫の決めたことについていくのですが、慎重派ですぐにブレーキをかけるから嫌がられます（笑）。住居を小さくするときもそうでしたし、旅行の計画や買い物もそうで、「オーブントースターを買い換えよう」と言われても「ちょっと待って、まだ早いんじゃない？」と言ってしまうんです。あとで買ってもらえばよかったと反省するのですが、ブレーキをかける役割の人もいたほうがバランスはいいのです。

いまは仕事場が同じですが、仕事のやり方もまるで違います。夫は理論的な裏づけをもとに料理をして、キッチンはいつも整理整頓が行き届いていて。夫からすると私は横着者で大ざっぱ。私は感覚的に料理をするのが好きで、どんどん進めたいときもあるから、道具を片付けないままにするときは、先に「あとでやります」と言うようになりました。

仕事以外の時間は、互いの予定をすべて把握しているわけではありませんし、夫も私も自分の時間をとても大事にしています。結婚して40年近くたっても「こういうときにこういうことをする人なんだ」と驚くこともありますが、それもまた新鮮でよし、なのです。

お金のことだってお互いすべてをオープンにしているわけではありません。母のお財布がどうなっているかを聞いたことはないですし、いまの仕事場の収入や経費がどうなっているかも私はよくわかっていません。家族のお財布は、１つではなく３つです。

だけどこれが、私たちにとっては居心地がいい関係なのだと思います。

ソファだってベッドだって座り心地、寝心地が悪ければ、長時間座ったり寝たりはしていられません。家族だって同じことです。他人から見て、そんなのは優しくない、おかしいと思うような形でも、自分たちにとって快適なら、それが一番。

私が子どもだったころは、実は家族が近いと感じて居心地がいいとは思っていませんでした。自分の家族を持ってからも、子どもたちが小さかったころは夢中でしたが、大きくなってくると難しい部分もありました。もっとこうすればいいのに、なぜこんなふうにするんだろうと、深く知るほど割り切れない想いを抱えてしまうこともあったのです。やっぱり関係が近すぎると煮詰まりやすいのではないでしょうか。

なんでも話せるのが家族の正しい形だとは決めつけず、距離を保っているのもいいものです。少しの距離を保っているからこそ衝突することもなく、感情を抱え込まないでやっていけるのです。お互い我慢している部分が何もないとは言いませんが、それでもずいぶんと気楽にやっています。

これから先、どうなるかはわかりませんが、私にとって居心地のいい関係は、互いに適度な距離を保つことができる関係です。それがよくわかったので、状況が変わってもそういう家族でありたいと思っています。

自分の心とどう向き合うか

30年くらい前から、折にふれてお寺に通っています。通い始めたころは、説教を聞いても仏教の懐の深さや優しさがよくわかっていませんでした。だけど通い続けるうちに、少しずつ気持ちが切りかわってきたように感じています。

私の育った家は父方も母方も商売をやっていたことから、商売繁盛を願いお稲荷さんを熱心に信仰していたのですが、私はずっとなじめませんでした。商売というのは人からお金を受けとって初めて成り立ちますから、自分たちの利益をただひたすら求めているだけの人のように思えてしまったのです。

仏教では、布施という言葉があります。施しをすること、見返りを求めず慈悲の心で善行を積むことです。その布施のひとつに「和顔施《わがんせ》」と呼ばれるものがあります。ニコニコしているのも布施の一つ。おだやかな笑顔は、人に幸せを施すことができるのです。

簡単なことのように思えますが、以前の私にとってはなかなか難しいことでした。仕事と3人の子育てにいっぱいいっぱいだったころは、ヒステリックに子どもたちを叱ってしまうこともあり、ほかのトラブルが重なって八方塞がりと感じて落ち込んでいた時期もあるんです。夫は、そんなときでも気持ちを強く持てるのですが、私はとてもではないけれど心の整理が追いつきません。それで何か心の軸になるようなものが欲しくて、お寺に通うようになりました。

いま思えば、そのころは全然笑っていた記憶がありません。自分が置かれている状況に満足できず、どこかで逆転ホームランを狙っていましたから。なぜ私だけがこんなに不幸なんだろうと思ったり。家庭ではいつもガミガミしていて、仕事で相手がミスをすると怒りがおさまらないこともありました。自宅までお詫びに来ていただいても、一度怒るとあとに引けなくなるんです。自分にも非があるのに、素直になれません。そんなとき、お寺では、「怒るという感情は、あなたの良いものをすべて燃やし尽くすんですよ」と言われました。

私は料理も失敗しながら、上手になりました。生き方も同じです。器用ではないから、失敗しないとわからないんです。だけどリカバリーはいつからでもできる。怒ってばかりの自分に気がついたら、素直に謝って笑えばいい。その時点からまたやり直せます。間違えたと思ったら、すぐに「ごめんなさい」と言うことから始めればいいのです。

シニア世代は先が見えなくて、いろんなことが不安になります。だけど、誰も先のことなんてわからない。だからただ不安がっていても仕方がありません。自分を中心に考えていると、どんどん自分を追い込んでしまいます。仕事が減ったらどうしよう、収入が減ったらやっていけるかしらと考えれば考えるほど、不安になるのです。

お寺に通っていても心配で心配で仕方がない人もいます。ここが痛いとか、こんなことに困っているとか、いつも苦行のようにつらいことをため込んで、訴えているのです。だけど、どうしたって困ったことが起きるときは起きますし、いつなんどき天災が起きるかもわかりません。それでも自分で楽しくしようとしないと、楽しくならないということがわかってきました。

たとえ先が見えなくても、まあ、いいかな、なんとかなるかな、と思っていれば、人生は回っていくものです。お寺に通うことで仏教の教えを知り、なんとか自分の心と折り合い、向き合う方法がわかってきました。素直になれたことで暮らしを小さくすることを考えることができましたし、この経験から、さらに素直に自分の人生に向き合って楽しめるようになっています。

決断することで手に入れた、60歳からの素直な生き方

暮らしを小さくすることで得られた一番の大きな変化は、自分を縛っている貪欲なものがどんどんなくなっていったことです。以前はもっと何かに追い立てられていました。こうしたい、こうしなきゃ、あれが欲しいと、必死だったんです。だけど、そうそううまくいくことばかりではありませんし、それが続くと他力本願で、運命を変えてくれるような白馬の王子さまを期待してしまいます。だけど、欲のようなものはもういいやと思えるようになりました。

これまでなんとなく持っていた欲求や不安、こだわり。思い切って生活を切り替えてみることでそれらから解放されて、自由になれました。

事情が変われば、生活スタイルも住むところも変えればいい。臨機応変にすればいいのだと思うと、先が読めないことも不安ではなくなりました。先が読めないのは当たり前のことで、これから先、また何が起きるかわからないけれど、そのときそのときに私なりに一生懸命やればいい。自分はきっと乗り越えられるはずだと、心の体力にも自信がつきました。

料理の仕事でも私は「失敗料理研究家」です。失敗しないで上手にできたら誰よりも先に「美味しそう！」と歓声をあげます。オーブンの扉をあけて、グラタンがきれいに焼けているとすごくうれしいのです。扉をあけて、あら？　ということもありますから。

そうやって失敗を重ねながらうまくなりました。成功するとなぜ上手にできたかは検証しないけれど、失敗したら考えるでしょう。だからうまくなるのです。私は、自分がたくさん失敗したおかげで、生徒さんに、より深いところまで教えられるようになりました。「ほら、ここで火が強いとダメなのよ。香りが飛んじゃうから」と得意満面でお伝えしています。

暮らしを小さくするときでも、ものの整理に関しては、先述の通り決して上手にはできていません。あれ捨てなきゃよかった、これとっとけばよかった、という失敗がたくさんです。でもそれでわかったこともたくさんあって、こうして本を書くこともできました。この経験が誰かの役に立つのなら、それもまた結果オーライ、です。

いまは素直になるということが、私の軸になっているんです。もっとこうなりたい、こうしたいという欲があったころは、料理の先生としても、演技でもいいからもっと堂々と、格好よくしていなくては、と自分を縛っていました。だけど「失敗料理研究家」でいいじゃないって思えたら、一番自分らしく素直に過ごせるようになりました。母からも言われたように、一度きりの自分の人生ですから、もっと自分に素直に生きようと思うのです。

歳を重ねて、頑固になったり意固地になったりする人もいます。だけど、私は「ありがとう」や「ごめんなさい」を素直に言えることを大切にしたい。自分に対しても、ありのままの自分に素直になることを心がけたい。60歳をすぎて、こういう境地にたどりつくとは思いませんでした。それもこれも、暮らしを小さくしたことがきっかけです。

まだまだ素直になれないところもありますが、これからもずっと朗らかで、「機嫌よく」いたい。小難しいのはイヤなんです。バカでもいいから、美味しくできたときには美味しい！　と言えるような仕事をしたいし、生徒さんもそれを見て、一緒に美味しそうと感じてもらえたら、うれしいですよね。

この先、病気になるかもしれないし、仕事ではいまも模索を続けています。だけど、何があってもたくましく立ち上がりながら、これからの人生の後半戦を生き抜いていこうと思います。

いつも笑顔で。

おわりに　文庫版あとがきにかえて

暮らしを小さくしたからわかったこと

私たちが暮らしを小さくして、もう5年近くになります。この本には、当時の私たちがどんなふうに心を決めたのか、何をどう小さくしたのかを書きました。

あれから私たちの「小さくする」暮らしはどうなったのか。ここではそのことについて書いていこうと思います。

まずお伝えしたいのは、小さくして本当によかった、ということです。

わずかな家財道具で始まった夫と私の結婚生活は、3人の子どもたちに恵まれ、仕事にも恵まれたおかげで、少しずつ大きくなり、いつの間にか、ものもたくさん溜まっていました。

だけど小さくする前の私は、そのことに自覚がなく、ほとんど使っていないようなものでも、処分しようとは思いませんでした。誰かから「捨てたら？」と言われると「使っているのよ」「あとで使うから」と、意固地になることも……。

だけど、引っ越しによって必然的にものを減らした結果、その意固地さの正体は執着だったと気づくことができました。「必要なものだから」というのは、ただの私の思い込みで、目の前にあるものに惑わされていただけ。実際、なくて困ったものはほとんどありませんでした。これまでずっと私は、いらないものと一緒に暮らしていたのです。

この経験を通じて、ものを溜め込んでいると、知らないうちに心にもいらないものを溜め込んでいると気がつきました。

それまでの私は「こうしなくちゃいけない」「こうしないと世間が何と言うだろう」「こんなところを人が見たらどう思うか」と考えることがよ

くありました。

そんな気持ちを押し付けるように家庭や仕事の現場でキツい言い方をしたこともあったかもしれません。小さな枠にとらわれていると、無意識のうちにできていないところ、足りないところをついついてしまうのです。

だけどものを整理することで、心も整理できるようになりました。ものへの執着心をコントロールできるようになると、ものに対してだけでなく人や起きたことに対しても上手に距離が取れるようになるのです。何かおかしなことがあっても「この人はこういうところがあるのね」「たまにはこういうこともあるわよね」と受け入れられるようになってきました。

もちろん言うべきことは言いますし、理不尽なことに対して、我慢するわけではありません。だけど必要以上に、こだわることがなくなりましたから、心がとても軽やかです。身の回りがすっきりしたことで、心のなかまですっきりしました。

私が手放したもののなかで一番大きいのは、「持ち家」ではなく執着心だと思っています。これが「小さくする」暮らしになって一番よかった点です。

新たな「小さくする」暮らし

そして私たちの「小さくする」暮らしは少しずつ形を変えながら、いまも続いています。私にとっての心地よい暮らしは、何かに偏るのではなく、何事もバランスよく転がしていくこと。ものと上手に付き合い、私たちにとって大切なものをしっかりと見極めたいと思っています。

枠を決めるのではなく、処分してもやっぱり必要だと思えばまた買えばいいですし、以前、必要だと思って取っておいたものでも、いまの自分に必要でないのなら、処分すればいいのです。

ものを減らすこと、小さくすることだけが目的ではありませんから、実際、私たちの生活では増えたものもあります。

大きなところで言うと、車を買いました。人からは、「全然小さくする暮らしじゃないわね」と笑われています。たしかにそうですよね。

だけどずっと前から、夫には欲しい車があったのです。2シーターのオープンカーですから、いま買わないと年齢的に運転できる時間がどんどん減ってきます。だからここで思い切ったのです。私も隣に乗せてもらったときのためにサングラスを買いました。コロナの状況が落ち着いてきたら、二人でどこか遠くへドライブに行くつもりです。風を感じながら走るのは、きっととても気持ちがいいでしょうね。

食器も増えています。やはりものが与えてくれる幸せ感というのがあるんです。何かを買うことは楽しいですし、自分自身のエネルギーになります。

だけど服にはあまりこだわっていないので、ほとんど増えていません。こうして上手にメリハリがつけられるようになりました。

小さくするばかりではなく、減ったり増えたりしているけれど、私たちが大事にしていることは基本的には同じです。買うにしても捨てるにしてもよく考えること。何が大切かを見極めること。

だから何かを買うときは、目についたものにパッと飛びつくのではなく、じっくり考えながら探します。本当に欲しいもの、必要なものを選ぶ時間はとても楽しいものです。そうやって本当にいいものが見つかるまで待てるようになったのも大きな進歩だと思います。

そうしているうちに、ものに対する価値観は意外と変わりやすいことにも気がつきました。自分がいいと思って買ったものでも時間が経つと、そのの気持ちを忘れていることもありますし、持ち続けているうちに、いつの間にかほとんど使わなくなったものもあります。前の家から持ってきたもののなかにも「これはいらなかった」と思うものが出てきました。大皿や大きめの鉢は、前の家では毎日のように使っていましたが、ここに来てからはほとんど使っていません。

つまり、ものは絶えず見直しが必要だということです。しっかり選んで買ったはずのものでも使わなくなることがありますし、これまで欲しいと思ったことがないようなものが欲しくなることもあります。だからあまりきちきちと考えすぎず、増えたり減ったりしていいのです。

3人家族から2人家族に

そして1年前、私たちの暮らしに大きな変化がありました。母が病気で入院し、一時は、生死の境をさまようほどの状況に陥ったのです。その後、何とか持ち直しましたが、いまは高齢者向けの施設に入っています。状況から考えて、母がこの先、自宅に戻ってくることは難しいでしょう。

だからいま、新婚時代から数えて2度目の夫との二人暮らしをしています。母がいなくて寂しい気持ちもありますが、生活全般で言えば、家族の人数が減った分、負担は少なくなりました。

特に食事は夫と私、二人の都合を合わせればいいだけなので、やりとりがスムーズです。たとえば「夜は餃子よ」と言うと「だったら昼は中華料理を食べないようにするよ」と返ってきます。

母がいる頃もそれほど無理をしていたわけではありませんが、やはりどこかでしっかり作ってあげようという気持ちがあったのです。

だけどラクばかりしているわけではありません。二人になると、「夜は何を食べようか」という共通の楽しみを持たないと、暮らしが単調になってしまいます。だから夕食のひとときを二人で楽しもうという気持ちで食材を選んだり、献立を考えたりするようになりました。

たとえば、わさびが旬の時期には、いいものを1本買ってきて、冷奴やお刺身、焼き魚や蕎麦《そば》など、連日それに合う料理を出して「美味しいね」と言いながら食べるなどしています。

二人の生活のペースが大体同じなので、仕事で疲れている日は、パンとハムとチーズで済ませることもできるようになりました。

使う食器も限られてきます。もう家でラーメンを作ることはないから、ラーメン鉢はいりません。二人分なら調理したものをすぐに取り分けてしまうので、大皿もほとんど使いません。

いま、一番よく使っているのは新しく買った小ぶりのカレー皿です。カレーやシチューだけでなく和風の煮物やチキンソテーのときにも使っています。このお皿に合う木のスプーンも買いました。食器はこうやって生活と連れ合うものですから、買いかえていくほうがいいですね。

二人になったことで、夫にも変化が現れています。洗濯や掃除、食器洗いなどを気がついたときにやってくれるようになったのです。これまでは母がいたことで、動きづらい面があったのかもしれません。一度、洗濯機にあった母の洗濯物を干そうとしたら、烈火の如く怒られたこともあったようです。親切でしたことでしたが、母の世代の人には耐えがたいことだったのでしょう。

母との距離が縮まったできごと

姉や娘たちと相談しながら母の荷物を少しずつ整理しています。母はもともと持ちものが多いので、処分できるものはして、衣類や着物、宝飾品など、それぞれが引き継げるものは引き継ぐようにしました。

姉は作家なので、パーティに着ていく着物ができたとよろこんでいますし、娘たちは「これ、おばあちゃんの指輪だよ」と指につけて見せてくれることもあります。私も母が作ったジャケットをもらうことにしました。

こんなふうに、大切に受け継いでいくなら、きっと母もよろこんでくれるでしょうし、ものにとってもいいことだと思っています。いまはコロナ禍で、母に会うことがかないにくい状況ですが、自由に会えるようになったら、「これ、使っているからね」と見せに行こうと思っています。

母の荷物を整理したときにこんなこともありました。母の古い茶簞笥の奥にあった新聞紙の包みから九谷焼の花瓶が出てきたのです。金をあしらった立派なもので、恐らく、母にとっては姑だった私の祖母から受け継いだものでしょう。それを横浜から東京の前の家、そしていまの家と転居しても処分できずに持ち続けていたのです。

それを手にしたとき、普段の気丈な母とは違う一面が見えてきました。母にも嫁としての呪縛があったのですね。

結婚したときの写真も大切にとってありましたし、姉や私が生まれたとき、七五三のときなどに親戚や知り合いの方たちからいただいたお祝いのお金や品物をしっかり記入した手帳も出てきました。こういうことも丁寧にやる人だったのだと娘の私は今さらながら知ったのです。

荷物を整理することで、私が知っていた母はほんの一面にすぎないことがよくわかりました。母が亡くなってからそれを知ってもただの思い出になるだけですが、生きているうちにわかってよかったと思っています。

この本にも書いた通り、母と一緒に暮らし始めることには戸惑いもありました。だけどこうして私の知らなかった母と出会ったことで、母のことを愛おしく思う気持ちがとても強くなっています。

母がとっておいた九谷焼の花瓶は、母に代わって私が処分しました。きっと骨董品としての価値もあるものだったと思います。だけど不燃物のゴミ置き場にポイッと置いてきました。そのとき、母を縛り付けていた古い価値観も一緒に捨てられたような気がしています。

新たな価値観に対応する仕事のやり方

仕事は、おかげさまで順調です。テレビや雑誌などのお仕事に加え、「カストール&ラボラトリー」では、料理教室のほかに、季節のイベントを毎年、開催しています。「味噌の会」では参加してくださる方たちと一緒に味噌を作り、「ベーコンの会」ではベーコンを「あんずの会」ではあんずのコンポートを大量に手作りして持ち帰ってもらうのです。

コロナ禍で人数を絞っていますが、参加してくれる方たちは皆さん、とても楽しそうにしてくださるので、私たちもとてもやりがいを感じています。

生徒さんたちが楽しみにしているのは、美味しい料理の作り方を習うことに加えて、そこに集まっている人たちと楽しくコミュニケーションすること。「毎回、新しい料理じゃなくて前にやった料理でもいいんです」とおっしゃる方もいます。

持ち帰り用のお料理もとても好評です。帰ってすぐに復習として自分で作るよりラクですよね。家族と一緒に食べることで、会話も弾むそうで、ご主人やお子さんの反応をメールで知らせてくださる方もいます。ご家庭でもいいコミュニケーションになっているようです。

いま、楽しい空間をともにすることの価値がどんどん高まっていて、料理研究家の役割も少しずつ変化しているように感じています。

こんなふうに状況に対応しながら楽しくお仕事ができるのも「小さくす

る」暮らしを実践して、心が軽やかになっていることと関係があるのかもしれません。

60代で迎える次のステップ

この本に「あと2回引っ越すだろう」と書きました。いま私は、次はどんな暮らしになるのかを少しずつ考え始めています。

引っ越すタイミングで処分しようと考えているのは、食器です。私も母と同様に、ずっととってあった古いものがたくさんあります。情や惰性で持ち続けても気持ちが重くなるだけ。生活を変えていくときには、一段ギアチェンジして強くエンジンをかけ直す必要がありますから、古いものに引きずられるわけにはいかないのです。

次の家では、夫と私の二人にとっての居心地のいい空間にしたいので、食事用のテーブルとは別のワーキングスペースを確保しようと思っています。仕事部屋までは必要ありませんが、これから年齢を重ねていけば、夫も私も家にいる時間が増えていきます。だからこそ専用のワーキングスペースがあったほうが、効率的ですし、仕事への意欲もわくでしょう。

それから食器棚も購入しようと思っています。いまの家では食器棚としてワイヤーラックを使っていますが、やはりホコリが気になるのです。

食事用のテーブルは、私が以前使っていたPCデスクで代用していたのですが、やはり食事用には小さいので、買い替えたい。

あと玄関にハンガーラックがあれば、帰宅してすぐにコートやジャケットをかけることができて便利です。それぞれ納得できるものをじっくり探そうと思っています。

私たちの暮らしはこれからも少しずつ小さくなっていきますが、なかをのぞけば、増えたり減ったりの繰り返し。そのときそのときに、一番バランスのいいところを見つけるというのが、私に合ったやり方です。

60代、70代になってもライフステージは変化します。私は暮らしを小さくしたことで、どんな変化にも対応できるという自信がつきました。年齢相応の老いを感じることはしょっちゅうですが、まだまだこれからも前に進んでいきたいと思っています。

そろそろ、次の家探しが始まりそうです。

本書は二〇一八年六月に小社より単行本として刊行され、
文庫化に際し、加筆・修正したものです。

本文デザイン　若山嘉代子 L' espace
撮影　井上孝明（本社写真部）
構成　今泉愛子

|著者|藤野嘉子　1957年東京都生まれ。料理研究家。学習院女子高等科卒業後、香川栄養専門学校製菓科入学。在学中から料理家に師事。1985年フリーとなり雑誌、テレビ（NHK「きょうの料理」など）、講習会で料理の指導をする。「誰でも簡単に、家庭で手軽に作れる料理」「自然体で心和む料理」を数多く紹介し続け、その温かな人柄にファンも多い。著書に『朝がんばらなくていいお弁当』（文化出版局）、『楽シニアごはん　一汁一菜でいい！』『楽シニアの作りおき　がんばらなくていい！』『60過ぎたらコンパクトに暮らす　モノ・コトすべてを大より小に、重より軽に』（いずれも講談社）など多数。フレンチシェフである夫、藤野賢治氏と、パティシエの次女、貴子氏と共に「CASTOR & LABORATORY」を運営している。

生《い》き方《かた》がラクになる
60歳《さい》からは「小《ち》さくする」暮《く》らし
藤野嘉子《ふじのよしこ》

講談社文庫
定価はカバーに
表示してあります

2021年9月15日第1刷発行

発行者——鈴木章一
発行所——株式会社　講談社
東京都文京区音羽2-12-21　〒112-8001
電話　出版（03）5395-3510
　　　販売（03）5395-5817
　　　業務（03）5395-3615
Printed in Japan

KODANSHA

デザイン—菊地信義
本文データ制作—講談社デジタル製作
印刷———豊国印刷株式会社
製本———株式会社国宝社

ISBN978-4-06-523819-6

講談社文庫刊行の辞

二十一世紀の到来を目睫に望みながら、われわれはいま、人類史上かつて例を見ない巨大な転換期をむかえようとしている。

世界も、日本も、激動の予兆に対する期待とおののきを内に蔵して、未知の時代に歩み入ろうとしている。このときにあたり、創業の人野間清治の「ナショナル・エデュケイター」への志を現代に甦らせようと意図して、われわれはここに古今の文芸作品はいうまでもなく、ひろく人文・社会・自然の諸科学から東西の名著を網羅する、新しい綜合文庫の発刊を決意した。

激動の転換期はまた断絶の時代である。われわれは戦後二十五年間の出版文化のありかたへの深い反省をこめて、この断絶の時代にあえて人間的な持続を求めようとする。いたずらに浮薄な商業主義のあだ花を追い求めることなく、長期にわたって良書に生命をあたえようとつとめるところにしか、今後の出版文化の真の繁栄はあり得ないと信じるからである。

同時にわれわれはこの綜合文庫の刊行を通じて、人文・社会・自然の諸科学が、結局人間の学にほかならないことを立証しようと願っている。かつて知識とは、「汝自身を知る」ことにつきていた。現代社会の瑣末な情報の氾濫のなかから、力強い知識の源泉を掘り起し、技術文明のただなかに、生きた人間の姿を復活させること。それこそわれわれの切なる希求である。

われわれは権威に盲従せず、俗流に媚びることなく、渾然一体となって日本の「草の根」をかたちづくる若く新しい世代の人々に、心をこめてこの新しい綜合文庫をおくり届けたい。それは知識の泉であるとともに感受性のふるさとであり、もっとも有機的に組織され、社会に開かれた万人のための大学をめざしている。大方の支援と協力を衷心より切望してやまない。

一九七一年七月

野間省一